Matthias Nawrat

Über allem ein weiter Himmel

Nachrichten aus Europa

Rowohlt

Originalausgabe
Veröffentlicht im Rowohlt Verlag, Hamburg, April 2024

Satz aus der Bridge bei Pinkuin Satz und Datentechnik, Berlin
Druck und Bindung GGP Media GmbH, Pößneck
ISBN 978-3-498-00366-1

für L.

TEIL 1
Das alte Europa

Kołczewo-Gdańsk-Karwica-Lublin (2013)

Kołczewo, 4. August. Ich habe ein Recherche-Stipendium für die Arbeit an meinem neuen Roman zugesprochen bekommen. Für einen Teil des Geldes habe ich ein Auto gekauft, einen alten Passat Kombi.

Das Buch *Reisen in die Ukraine und nach Russland* von Joseph Roth, das ich vor Kurzem gelesen habe, beginnt mit dem Text *Nachrichten aus dem Osten.* Roth bereiste in den 1920er-Jahren als Journalist für die *Neue Berliner Zeitung* und die *Frankfurter Zeitung* einen Teil Europas, aus dem er selbst stammte (er war in Ostgalizien geboren und aufgewachsen). Wie dachte, was wusste man damals über Europa? Während wir mit dem Auto die polnische Grenze überqueren, von Deutschland kommend, frage ich mich: Was weiß ich heute?

5. August. Wir haben ein Zimmer in einer alten Mühle in dem kleinen Ort Kołczewo in der Nähe der Küste gefunden, nicht weit hinter der Grenze, circa eine Stunde von Stettin entfernt. Es wohnt noch eine Familie mit zwei Jungen hier, die im Garten Federball spielen, auf einer Tafel stehen mit weißer und violetter Kreide die Vornamen Stasio und Antek gekritzelt, von einer senkrechten Linie getrennt.

Die Wirtin zeigt uns das freie Zimmer. Schön, sagt sie. Oder?

An einer Wand, die von einem Balken geteilt wird, hängt ein offenbar selbst gefertigtes Gemälde: ein Garten, an einem Baum wachsen Weintrauben, im Zentrum steht eine Vogeltränke auf einem säulenartigen Podest. Ein Vogel ist auf dem Rand gelandet und senkt seinen Schnabel ins Wasser.

Schon als ich am Abend versuche, über meinen Roman nachzudenken, stelle ich fest, dass die Arbeit daran wahrscheinlich bis nach der Reise wird warten müssen. Es ist ein Gefühl, das ich immer habe, sobald ich mich in diesem Land aufhalte – etwas schiebt sich vor die Fiktion. Etwas an dem geografischen Raum, in dem ich mich befinde, fängt an, zu mir zu sprechen.

L. und ich sind kurz vor dem Abendessen noch spazieren gewesen. Wir gingen über einen Feldweg, von beiden Seiten hörte man aus der Wiese das Zirpen der Grillen. Ein seltsam schief stehender Strommast ragte in den Himmel, auf der Leitung saßen Dutzende Spatzen. Über dem Ort öffnen sich die künstlich geformten Wiesen eines Golfplatzes. Der Kiefernwald, der das Gelände begrenzt, schaut aus wie in Deutschland, ebenso die Häuser im Ortskern, in den wir kurz darauf zurückkehrten, und die alten roten Backsteinscheunen. In einem Hof parkte ein silberner Renault Clio. Mitten in der Einfahrt lag ein Kinderfahrrad, unter einem Baum stand ein Trampolin mit Sicherheitsnetz.

6. August. Am frühen Vormittag kommt die Schwester der Wirtin zu Besuch, sie stellt sich als Jola vor und spricht mit L. sofort auf Englisch, denn sie lebt, wie sich herausstellt, seit dreißig Jahren in Toronto. Später höre ich von unseren Sesseln im Garten aus ein Gespräch zwischen den Schwestern auf der Veranda mit. Die Schwester der Wirtin beschwert sich über die Trinker in Świnoujście. Sie kommt zwei Mal im Jahr aus Toronto nach Kołczewo, um die kranke Mutter zu besuchen.

Świnoujście habe sich sehr gemausert, sagt sie, die neuen Fahrradwege führten bis nach Deutschland, direkt am Meer entlang, aber die Trinkerinnen und Trinker seien nicht verschwunden, es werde auf die Straße gespuckt, schrecklich. Und seit Neustem würden die Leute überall ihren Müll abladen, sie würden mit dem Auto in ein Wäldchen fahren, anhalten und ihren Müll aus dem Kofferraum in die Natur werfen.

Das sei doch überall auf der Welt so, sagt die Mutter der zwei kleinen Jungs, die am Nebentisch auf der Veranda sitzt. Und es sei früher noch schlimmer gewesen.

Was machen Sie da eigentlich, fragt mich die Wirtin und deutet auf mein Notizbuch und die Bücher vor uns auf dem Tisch. Als ich sage, dass ich schreibe, richtet sie sich auf, drückt den Rücken durch. Was ich denn schreiben würde, fragt sie.

Am Mittag ist die Tante der beiden Schwestern zu Besuch, sie ist Künstlerin. L. und ich sitzen oben im Zimmer und lesen, die Stimmen der Wirtin und der Tante dringen durch das ganze Haus, aber man kann kein Wort verstehen. Sie sprechen ohne Pause, Besteck klirrt. Als wir an ihnen vorüber die Treppe hinaufgegangen sind, hob die Wirtin eine Colaflasche in die Höhe und bot uns davon an.

Wir sind mit dem Auto nach Międzywodzie gefahren, in die Ulica Szkolna, wo die sozialistische Feriensiedlung stand, an die ich mich so klar erinnere, als wäre meine Kindheit erst gestern vorbeigegangen. Ich habe die Gebäude nicht wiedererkannt (obwohl, irgendwie doch – ist es ein anderes Hauptgebäude, das aber dem alten sehr genau nachempfunden wurde?). Dafür erkannte ich sofort den Weg zum Strand, den ich als Kind in den Sommerferien jeden Tag entlanggegangen war.

Später, zurück im Ort, ein Gewitter. Alles rennt mit Luftmatratzen über dem Kopf, das Klatschen von Flipflops gegen die Fersen und auf den Asphalt, wir retten uns in die Pizzeria Riviera unter ein Vordach aus durchsichtiger Plane. Draußen werden die Stände mit den Schwimmreifen, mit Kebab, mit Waffeln zusammengepackt. (An diese Waffeln erinnere ich mich sehr deutlich, an den unendlich herrlichen Duft frischer, noch warmer Waffeln. Und auch an den Geruch aus den Fischbratereien.)

Aller Ferienspaß ist hier konzentriert auf drei oder vier Sträßchen, in denen sich eine Holzbude an die nächste reiht. Dazwischen ein Karussell, eine Autoscooter-Bahn, Flipperkästen.

Was von außen wie ein echtes Restaurant aussah, entpuppt sich im Inneren ebenso als Holzbude. Der Boden ist aus Holzbrettern gebaut, ein Fuß meines Stuhls bleibt in einem Spalt stecken, ich schaffe es gerade noch, nach einem Balken zu greifen.

7. August. Die Wirtin hat eine seltsame Melodie in der Stimme, wenn sie mit uns spricht. Als seien wir Kinder. Sie spricht über die Dinge, als wären sie schlimm, aber nur für uns, in Wahrheit aber nur halb so schlimm.

Die Mühle ist ein Haus aus rotem Backstein, im Inneren durchzogen von einem Netz aus Holzbalken. Eine Seite des Gebäudes ist noch nicht renoviert, es fehlen die Fensterscheiben, die Fensteröffnungen sind mit grauen Planen zugehängt. Das Mühlrad ist abmontiert, aber im ersten Stock, im Flur vor unserem Zimmer, ist an der Wand zum Garten der Ansatz des Drehmechanismus als renoviertes antikes Stück zu bewundern, die Schraube ist so dick wie mein Oberkörper.

Im ersten Stock hängen in einem goldenen Bilderrahmen auf dunkelrotem Hintergrund etwa zwei Dutzend Schwarz-Weiß-Fotografien, die Grüppchen von Leuten mit Kindern zeigen, beispielsweise vor einem Haus in den Bergen oder in einem Garten. Unter den Bildern steht *Oma Jakusiewicz in Cieplice, Schlesien.* Oder: *Jola in Karpacz.* Schon am ersten Tag ging von diesen Fotos eine seltsame Anziehung auf mich aus.

Eine der Fotografien zeigt den ersten Staatspräsidenten Polens nach dem Krieg, Bolesław Bierut, im nahe gelegenen Küstenkurort Międzyzdroje, in einem hellen Anzug und mit seinem charakteristischen Oberlippenbärtchen. Er steht mit hinter dem Rücken verschränkten Armen vor einer Gruppe herausgeputzter Jugendlicher, offenbar erklären sie ihm etwas, denn es scheint, als wäre er gerade dabei, beeindruckt zu nicken. Im Hintergrund ist ein weißes Holzhaus zu sehen, möglicherweise zu einer Schiffsanlegestelle gehörend. Bierut hat einen höchst aufmerksamen Gesichtsausdruck, als Generalsekretär der Polnischen Vereinigten Arbeiterpartei hört er sich die Sorgen der jungen Leute sehr genau an.

Auf einem anderen Foto ist die Skyline von New York zu erkennen. Im Vordergrund, diesseits des East River, stehen Automobile in einer Schlange vor einer Dampffähre, die gerade an- oder ablegt. Die Silhouette auf der anderen Flussseite ist ungewohnt, vielleicht stehen dort weniger Gebäude als heute? Das Empire State Building ist zu sehen und das Chrysler Building, aber die Gebäude liegen unvertraut weit auseinander, das Bild der Skyline unterscheidet sich von demjenigen, das ich von meiner letzten New-York-Reise vor drei Jahren in Erinnerung habe, durch die Weite der Lücken zwischen den einzelnen Wolkenkratzern, durch die fehlende Kompaktheit der Gesamtanordnung. Erst auf den zweiten Blick fällt mir auf, dass auf diesem Foto, unter dem keine Bildunterschrift zu finden ist, wie in der heutigen Skyline der Stadt die Zwillingstürme fehlen – sie waren damals noch nicht gebaut. Ein gespenstischer Moment. Beim Betrachten der Aufnahme inmitten der Familienbilder frage ich mich sofort, wann und vor allem von wem sie gemacht worden ist, ob es sich um eine Urlaubsreise von jemandem aus der Familie gehandelt hat oder ob ein Familienangehöriger der Wirtin in die Stadt ausgewandert ist. Ob seine Nachkommen vielleicht noch heute in Greenpoint oder einem der anderen von polnischen Auswanderinnen und Auswanderern bewohnten Stadtteile leben.

Ich bin später noch einmal hochgegangen und habe mich wieder vor die Tafel gestellt. Ein Bild zeigt ein kleines Mädchen in einem Bollerwagen, der von einem Pony gezogen wird. Auf einem anderen Schwarz-Weiß-Foto steht eine junge Frau mit eng am Kopf modellierten Wellen, eine wie angegossen aussehende Frisur, wie ein Hut, und darunter ist zu lesen: *Oma Karola Mucha.* Eine Gruppe von Erwachsenen und Kindern sitzt in einer Wiese zwischen zwei Baumstämmen. In einem mit Teppichen ausgelegten Raum posiert ein Brautpaar neben einer Palme, die Hände auf den Knien des Mannes aufeinandergelegt: *Tante Stasia und Jósef Pułkowski, 1942.* Die zwei Fotografien am linken und am rechten Rand bilden den Rahmen. Bierut links, die Skyline von New York rechts.

Am Nachmittag ergebnisoffen am Strand geschlendert. Glücksgefühle, innere Ruhe angesichts des Meeresrauschens und des Waldes, der sehr nah an der Küstenlinie steht und mir plötzlich so vertraut ist, dass ich ihn schon immer zu kennen glaube. (Vielleicht auch, weil ich durch das Notieren einen inneren Bezug zu unserem Aufenthaltsort, zu diesem Land, das mir zugleich ja auch immer fremd erscheint, hergestellt, eine Art Anker geworfen habe.) Drüben irgendwo muss Schweden sein, das frühere Sehnsuchtsland meiner Eltern, wohin in den frühen 1980er-Jahren einer ihrer besten Freunde auswanderte.

Am Frühabend im Zimmer Kapuściński gelesen, *Imperium,* über seine Reise durch die Sowjetunion, die Einreise mit der Transsibirischen Eisenbahn von China aus, in den Ort Sabaikalsk. Soldaten an der Grenze, bellende Hunde, Stacheldraht und Gepäckdurchsuchungen. Es ist das Jahr 1958, fünf Jahre nach Stalins Tod, ein sibirischer

Winter. Aber in den Ausführungen fehlt mir das eigentlich Interessante (oder das, was für mich interessant wäre): Wie kam Kapuściński nach China, in den 1950er-Jahren, da die Länder des Ostblocks abgeriegelt waren? Und wie war es dort damals, in dem Jahr, in dem Mao den «Großen Sprung nach vorn» ausgerufen hatte? Also in dem Moment, in dem China die brutalste gesellschaftliche Umwälzung in seiner Geschichte einzuleiten begann?

An einer anderen Stelle beschreibt Kapuściński den Transport des Generals Jósef Kopeć, der 1794 mit Kościuszko in der Schlacht bei Maciejowice von den russischen Besatzern gefangen genommen und kurz darauf, wie viele polnische Aufständische dieser Zeit, nach Sibirien verschleppt wurde, in die Katorga. Kapuściński beschreibt, wie er quer durch Russland in einer Blechkiste transportiert wurde. Drei Jahre lang und nur «auf Pfaden».

8. August. Ich habe mich gestern Nachmittag zur Wirtin gesetzt, in die Fernsehecke vor unserer Zimmertür. Wir schauten eine Weile schweigend fern, ich spürte aber, dass sie mich immer wieder von der Seite beäugte, als erwartete sie jetzt, da sie mich hatte schreiben sehen, aus meiner Richtung jederzeit einen Angriff. Ich fragte sie schließlich nach den Fotos, die an der Wand über ihr in dem goldenen Bilderrahmen hingen – ob das ihre Familie sei, was sie bejahte. Ob denn jemand von ihren Verwandten nach New York ausgewandert sei, fragte ich weiter. Sie habe nur eine Tante in Connecticut, sagte sie. Und ihre Schwester lebe, wie ich wisse, in Toronto. Das Foto an der Wand sei eine

Postkarte, die sie selbst von einer Reise nach New York mitgebracht habe, vor ein paar Jahren, weil ihr diese historische Ansicht gefallen habe.

Wir unterhielten uns eine Weile über die Zwillingstürme, die sie bei ihrer ersten Reise noch gesehen hatte, und über das Gelände, wie es heute aussah. Ich wollte sie eigentlich weiter nach ihrer Familie auf den Fotos befragen. Stattdessen sprachen wir darüber, dass in den Gebäuden um Ground Zero alle Fenster noch monatelang mit Brettern vernagelt gewesen waren, weil niemand in sein altes Geschäft und in die Büros hatte zurückkehren wollen. Und dass es auch drei Monate danach noch überall nach Schwefel gestunken habe, das habe sie selbst gerochen. Die Geschäfte seien erst bei ihrem nächsten Besuch, ein halbes Jahr später, wieder geöffnet gewesen, als man das Gelände geräumt und die neue Baustelle umzäunt und die Wand mit den Fotos und den Blumenkränzen errichtet hatte. Sie wisse noch, sagte die Wirtin, wie viele Touristen sich dort um die Baustelle drängten, im Gänsemarsch an der Baustellenmauer entlang.

Die Wirtin hat die Mühle vor acht Jahren gekauft und die ganze obere Etage, die ursprünglich aus nur einem einzigen hohen Raum bestanden hatte, ausbauen lassen. In Betrieb sei diese Mühle schon seit den 1960er-Jahren nicht mehr, sagt sie, denn damals habe man in Polen begonnen, Rohstoffe zu recyclen, und in der Mühle eine Sammelstelle für Pfandflaschen eingerichtet. Die Geräte aus der Mühle sowie das große Mühlrad seien verkauft worden, Stahl sei Mangelware gewesen, und überhaupt habe die kommunistische Wirtschaft immer wieder Einbrüche erlebt. Bis auf die eine Schraube, die sie eigenhändig restauriert habe, sei alles Gerät aus der Mühle fortgekommen, konfisziert worden im Namen der siegreichen Arbeiterinnen und Arbeiter.

9. August. Fahrt über die südliche Hälfte der Insel Wolin. Plötzlich ein Gefühl der Befreiung. Zu beiden Seiten Weiden. Die Straße ist eine Allee aus Linden. Am Horizont ein Wäldchen, dann wieder Weiden. Ab und zu Ansammlungen von Häusern, offenbar ehemalige genossenschaftliche Wirtschaftshöfe. Dann wieder leeres, weites Land, und über allem ein weiter Himmel, schnell dahinjagende leuchtend weiße Wolken.

L. hält am Straßenrand, wir steigen aus. Das Rasseln einer Grille, dann totale Stille. Später fahren wir wieder unter Baumkronen, ein kurzer Regenschauer über den Feldern, dann Sonne, und es ist beinahe schade, dass wir Kołczewo erreichen.

Gdańsk, 12. August. Fahrt durch das kaschubische Hinterland, sanfte Hügel und Wald, leere Straßen, hier und da ein kleines Dorf mit gepflegten Holzzäunen, die Ortsschilder in Polnisch und Kaschubisch, dessen Schriftsystem Zweipunktakzente über dem E enthält. Eine versteckte Landschaft auf einer Hochebene, von deren Existenz und Schönheit man erst, da man sich durch sie bewegt, erfährt. Die Stille, die sich ausbreitet, wenn man rechts ranfährt und den Motor ausschaltet – kilometerweit nur hügelige Weiden und Wald, hellgrünes Gras, junge Birken –, wird nur von gelegentlichen Salven von Grillengesang unterbrochen.

Die Ortschaften werden größer, die Straße ist jetzt neu asphaltiert, die Häuser sind bedeckt von rot leuchtenden Ziegeln. Siedlungen mit neuen Einfamilienhäusern folgen aufeinander. Man hat den Eindruck, dass man aus einem Gebirge hinabsteigt, immer tiefer ins Tal und zurück in die Zivilisation. Dann fährt man auf eine Schnellstraße auf, sechsspurig, von Glaswänden begrenzt, schwebt dort alleine, und hinter den Glaswänden erscheint am Horizont die erste postsozialistische Plattenbausiedlung, wie eine heilige Stadt aus weißem Stein glüht sie auf ihrem Hügel in der Abendsonne.

Der Verkehr wird dichter, und plötzlich taucht rechts neben uns eine Straßenbahn auf, die mit uns mithält, die Leute schauen geradeaus, sie scheinen in einem fahrenden Café oder Wohnzimmer zu sitzen, einige lesen, und dann taucht weit unter uns der erste golden und grünlich glitzernde Kirchturm auf, und schon finden wir uns in einem Kreisverkehr wieder, um uns hupende Autos, wir fahren auf ein Backsteingebäude mit hanseatisch stufenartigem Dach zu, vor uns türmt sich das Zentrum auf.

Drei Stunden lang irren wir mit dem Auto durch die Altstadt, durch ein altes deutsches Villenviertel, ein auf der anderen Seite der «Toten Weichsel» gelegenes Hafengebiet, auf der Suche nach einer Übernachtungsmöglichkeit. Aber keine Chance, es ist unmöglich, etwas zu finden an einem Samstagabend in der Feriensaison. Dies ist Danzig, eine der schönsten Städte des Landes, jedes Hotel ist, wie man uns an den Rezeptionen bedauernd erklärt, längst ausgebucht.

Am Ende mieten wir uns aus Verzweiflung im letzten

freien Doppelzimmer einer Vier-Sterne-Kette ein. Im Zimmer weht trockene Klimaanlagenluft, unser Dank gilt dem Turbokapitalismus. Jedes Zimmer auf unserem Flur sieht vermutlich identisch aus.

Aus einem Saal im Parterre dröhnen Tanzmusik und die Stimme des Ansagers von einer Hochzeitsfeier. Als es dunkelt, spazieren wir in die Altstadt, in der sich volksfestartige Menschenmengen – man hört häufig die deutsche Sprache – durch die engen Gassen wälzen und, Eis schleckend, vor einem Mann innehalten, der, umringt von neongrün oder violett leuchtenden, auf dem Boden im Kreis huschenden Fellmäusen, für einen Moment ihre Aufmerksamkeit einfängt. Die Gassen sind gesäumt von beeindruckenden Hanse-Bürgerhäusern, die Stadt atmet Meeresklima, eine ständig frische Brise weht.

13. August. Auf dem Gelände der Danziger Werft, auf dem im August 1980 die Streiks der Solidarność durchgeführt wurden, die den Beginn vom Ende des polnischen Kommunismus einleiteten, wird heute ein Kubus aus rötlich rostendem Stahl gebaut, ein «Museum der Revolution». Die Werft ist ausgestorben, aber womöglich nur, weil Sonntag ist, denn sie ist heute noch in Betrieb.

Wir betreten das Gelände und gehen herum. Rohrleitungen verlaufen über der Straße, über die Gebäude erheben sich große gelbe und blaue Kräne. Das Meeresklima ist wieder spürbar: eine schaudernde Pfütze, irgendwo flattert eine lose Plane, eine Möwe schwebt über einer Brücke, wird abgetrieben, macht ein paar Flügelschläge und schwebt wieder an genau derselben Stelle.

Aus dem Inneren eines großen Schiffes, das unter einem der Kräne angelegt hat, dröhnen plötzlich dumpfe metallische Schläge. Es ist alles vorstellbar. Dass hier vor dreißig Jahren gearbeitet wurde, man hört das Hämmern auf Stahl, rauschendes Gas in den Leitungen neben der Straße, sieht Funken sprühen an der Flanke eines Schiffsrumpfs. Die kleine Bar für die Werftarbeiter ist verriegelt. Durch die staubblinden Fenster sehe ich im Inneren einen einzigen umgekippten Hocker in der Mitte des leeren Raums. Draußen an der Wand hängt noch eine Tafel mit einer Speisekarte, aber die Buchstaben sind ausgebleicht, nicht mehr zu entziffern. Und doch weiß man, dass die Augustereignisse genau hier stattgefunden haben, dass es hier passierte, sich die Arbeiterinnen und Arbeiter hier verbarrikadiert hatten, während vor den Toren der Werft die Mannschaftswagen in Stellung gebracht wurden.

Karwica, 14. August. In Masuren anzukommen, gibt mir ein Gefühl der Verdopplung. Eigentlich scheint es das erste Mal zu sein, dass ich hier bin, ich komme gewissermaßen als Fremder. Aber schon als L. und ich in diese Landschaft hineinfahren, erinnere ich mich an meine erste Fahrt hierher, damals mit meinem Vater. Besser gesagt, ich erinnere mich an nichts als eine regnerische Nacht: Mein Vater steuert, über das Lenkrad gebeugt, das Gesicht fast an der Windschutzscheibe, durch die Dunkelheit und versucht, draußen im Regen etwas zu erkennen. Wir suchen den Campingplatz, auf dem die anderen beiden, ein Freund meiner Eltern und sein Sohn, mit dem gemieteten Segelboot auf uns warten. Das ist eine meiner wenigen Erinnerungen an diesen ersten Aufenthalt an den Masurischen Seen, ich war nicht älter als acht, das Land meiner Kindheit war eine sozialistische Republik. Mein Vater hinter dem Steuer, draußen Dunkelheit und Regen, und Schilder, die kurz in den Scheinwerferkegeln aufleuchten, um wieder in der Dunkelheit hinter uns zu verschwinden.

In Mikołajki erkenne ich die Hafenpromenade wieder und die engste Stelle zwischen den zwei Seen, über die sich eine Brücke spannt. Der Ort liegt an dieser engsten Stelle. Heute reihen sich hier Kneipen an Restaurants an Eisstände, das Städtchen ist ein touristisches Zentrum in Masuren, man hört die unterschiedlichsten Sprachen. In einem Brunnen auf dem Marktplatz die Statue eines Fisches mit einer Krone auf dem Kopf. Irgendwo hier im See muss es eine weitere solche Statue geben, die aus dem Wasser ragt. Ich sehe mich selbst, wie ich mich als Achtjähriger über die Reling hinausbeuge, um sie vom wackeligen Boot aus zu küssen, ein Seemannsbrauch, wie mein Vater mir erklärt hat, es bringe gutes Glück. Als ich diese Statue im Brunnen im Ortskern erblicke, überwältigt mich sofort das Gefühl, wirklich hier gewesen zu sein, den Ort genau zu kennen. Schon der Name Mikołajki hatte in mir etwas von diesem tieferen Wissen erahnbar gemacht.

Zurück im Hafen habe ich tatsächlich die Statue des Fisches im See gefunden, an der engsten Stelle, direkt vor der Brücke. Ein grüner, aus den Wellen ragender, länglicher Fisch mit roten Lippen, roter Rücken- und Schwanzflosse und einer goldenen Krone auf dem Kopf.

Neben der Brücke, am Ende der Promenade, entdecken wir dann eine Tafel, auf der die Legende des Kleinen Maränenkönigs aus dem Śniardwy-See zu lesen ist, ein alter Mythos der hier an den Seen einst siedelnden Pruzzen, von Puschkin bearbeitet: Der Fischkönig war so wütend über die Menschen, die sich am See angesiedelt hatten, dass er einen Krieg begann, um sie zu verjagen. Aber die Frau eines Fischers wandte sich an die Götter. Diese gaben ihr einen Eisenring als Geschenk. Aus vielen solchen Eisenringen fertigte der Fischer ein Netz. Und tatsächlich gelang es ihm, den Fischkönig zu fangen, der ihm für seine Freiheit eine reiche Beute bei seinem nächsten Fischzug versprach. Der Fischer fuhr hinaus und machte den Fang seines Lebens, aber listig, wie er war, hatte er das Netz mit dem Fischkönig gut am Ufer befestigt. Die anderen Fischer erfuhren davon und holten den Fischkönig an ihr Ufer, worauf er auch ihnen ein Leben lang volle Netze versprach, wenn sie ihn freilassen würden. Sie holten ihn zwar aus dem Netz, ketteten ihn aber an der schmalsten Stelle zwischen den beiden Seen an, wo heute der Ort Mikołajki liegt. Von da an brachte das Fischen in beiden Seen immer volle Netze, und Mikołajki begann zu florieren.

Lublin, 15. August. Am Morgen brechen wir in Richtung Lublin auf. Die Straßen sind sonntäglich leer, am 15. August wird in Polen Mariä Himmelfahrt gefeiert. In den Dörfern fahren wir an Spazierenden in Anzügen oder schicken Kleidern vorbei, die in Grüppchen in Richtung Ortskern gehen. Vor einer Kirche sehen wir einen vollen Autoparkplatz. Später am Vormittag dann wieder ein paar Autos auf den Straßen, aber sie fahren langsam und biegen im jeweils nächsten Ort ab. Ein alter Mann im Anzug fährt zeitlupenartig auf einem Fahrrad durchs Dorf, mit nach außen gekehrten Knien. Dann wieder Felder, der Osten Polens ist ländlich geprägt. Hinter einem Waldstück überholen wir auf der Landstraße vier weißhaarige Frauen auf Fahrrädern, die hintereinander am Feldrand entlangfahren. Ich stelle mir vor, dass sie Freundinnen sind, die schon seit der Kindheit zusammen in den Nachbarort zur Kirche radeln und danach wieder nach Hause.

Am Nachmittag passieren wir plötzlich ein Ortsschild mit dem Namen Treblinka. Die Straße wird mit einem Mal holprig, unter den Rädern Betonplatten, wir rumpeln über Schlaglöcher. Dem Schild zur Gedenkstätte folgend biegen wir in ein ruhiges Kiefernwäldchen. In einer Bude neben dem Parkplatz zahlt man fünf Złoty Eintritt. Man darf herumlaufen, zunächst auf dem Gelände des ehemaligen Vernichtungslagers, dann über einen zwei Kilometer langen Waldweg zum Arbeitslager und der «Execution-Site».

L. und ich gehen über die Wiese auf dem Gelände des Vernichtungslagers. Es stehen hier keine Gebäude mehr. Eine Tafel markiert die Stelle, an der sich ein Zoo befunden hat, für die SS-Männer, zur Erholung von ihrer anstrengenden Arbeit. Dafür steht hier ein Feld von hinkelsteinartigen Stelen, auf denen die Namen von Orten eingraviert sind, in Polen, der Tschechoslowakei, Russland, Ungarn, Bulgarien, der Ukraine, Griechenland, Rumänien usw. In der Mitte des Geländes, das von Wald umschlossen ist, erhebt sich ein Steinmonument in Form eines großen Pilzes, in dessen Hut ein siebenarmiger Leuchter eingraviert ist. Zu seinen Füßen stehen rote Grablichter.

Ein unerträgliches Gefühl von Leichtigkeit macht sich

in meinem Magen breit, während wir über diese Wiese im Sonnenschein spazieren und über uns die Vögel in den Baumkronen singen.

Tel Aviv (2014)

24. Januar. Ich lese Miłoszs *Das Land Ulro*. In Deutschland, denke ich, lieben die Leserinnen und Leser osteuropäische Migrantenprosa, weil sie darin Heimatnostalgie und ein ganzheitliches Menschenbild wiederfinden, die sie sich selbst nicht mehr zugestehen können, wegen der Katastrophe, in die das deutsche «Heimatgefühl» die Welt geführt hat. Dazu im Gegensatz steht das naturwissenschaftliche Menschenbild der vermeintlich Aufgeklärten im Land ohne Nationalbewusstsein (dafür mit einem moralisierenden Universalbewusstsein, was ja im Prinzip der neue deutsche Nationalismus ist).

Miłosz stellt die Behauptung auf, es gebe einen Unterschied im Menschenbild des Westens und des Ostens. Jenes sei eher analytisch, dieses eher «ganzheitlich». Kaltes, menschenunfreundliches Denken versus romantische, metaphysische Sehnsucht?

Das Land Ulro, einem Gedicht des Mystikers William Blake entliehen, ist das geistige *Wasteland*, in dem der moderne Mensch lebt, der das alte Wissen der Religionen verworfen hat und keine Verwurzelung mehr in der geistigen Sphäre finden kann. Seitdem leidet er, ist in einem tieferen Sinne heimatlos geworden. «Denn der Mensch bedarf einer Behausung, und es genügt ihm nicht ein Dach über dem Kopf im physischen Sinn; sein Geist braucht Bezug und Richtung in der Vertikalen wie in der Horizontalen. Daher spricht man wohl auch von *erbaulichen* Lektüren.»

Ich denke an Miłoszs Einsamkeit in Berkeley, über der Bucht von San Francisco. Nach dem Krieg arbeitete er in Polen anfangs noch für die Kommunisten, floh dann Anfang der 1950er-Jahre nach Paris und weiter in die USA. Seitdem lehrte er Literatur in Berkeley und schrieb Essays und Gedichte über sein verlorenes Europa, das von den Nazis und den Sowjets vollständig zerstörte Land seiner Kindheit und Jugend. Das Exil als Schicksal, die transzendentale Heimatlosigkeit als Grundzustand des Menschen im 20. Jahrhundert.

25. Januar. Wir haben beschlossen, einen der Wintermonate in der Wärme zu verbringen. Schon immer wollte ich nach Israel. Wie leben die «alten» Europäerinnen und Europäer heute? In diesem Jahr haben wir Geld für den Aufenthalt zusammengespart.

Wir werden von Micky, einer Freundin von L.s Eltern, am Flughafen Ben Gurion abgeholt. Auf der Fahrt in die Stadt: Palmen, Hochhäuser am Horizont, schwere amerikanische Autos. Micky hat uns eine Pralinenschachtel in Form eines roten Herzens und eine Auswahl an Postkarten mitgebracht (Tel Aviv, Nahariya, Jerusalem etc.).

Ankunft im Viertel Florentin, in dem die Straßen und Häuser heruntergekommen wirken. Enge Gassen, Gestank nach Abgasen und gärenden Früchten, ein Geruch, der mich sofort an Indonesien erinnert, an die Reise eines westlich privilegierten Jugendlichen nach dem Abitur in den 1990er-Jahren, wie auch alles andere, die Schlaglöcher, die zahlreichen Autowerkstätten, die Stromleitungen und ungewohnt verlegten Überbrückungskabel an der Fassade unseres Gebäudes in der Kompert 4. Das Haus steht im Schatten eines luxuriösen Wolkenkratzers mit Balkonwaben. Micky kennt jemanden, der darin jüngst eine Wohnung mit Blick aufs Meer und den alten Hafen von Jaffa gekauft hat, für mehrere Millionen Dollar.

Später trinken wir ein Bier in der *Banana Beach Bar* am Strand. Es ist bereits dunkel, über die in Richtung Meeresrauschen ausgerichteten Plastikstühle und den Sand legt sich das pinke Licht der Bar. Musik schallt in die Dunkelheit aufs Meer hinaus, in unserem Rücken ist das Rauschen der Autos von der Uferpromenade zu hören.

Was werdet ihr einen ganzen Monat lang hier machen?, fragt Micky.

Sie zeigt uns auf ihrem Telefon Fotos vom gerade geborenen Sohn ihres Neffen Eyal. Außerdem Fotos von einer Tochter ihrer Freundin Iris, nach der L. gefragt hatte. Die Tochter wurde vor ein paar Tagen in die Armee eingezogen. Drei Monate Grundausbildung irgendwo in der Wüste, danach Radaraufklärung an der libanesischen Grenze.

Sie ist sehr unglücklich, sagt Micky. Sie hat sich für andere Dinge beworben, sie wollte nicht vor einem Radarbildschirm sitzen zwei Jahre lang, das ist sehr langweilig. Aber das ist die Idee. Sie brauchen dich, und du musst genau die Aufgabe erfüllen, für die du vorgesehen bist.

Spaziergang durch enge Straßen. Die Häuser schauen aus wie Kühlschränke oder wie Raumschiffe aus den alten Star-Wars-Filmen. Kompakte Kästen, überall Kabel, neben jedem Fenster eine Klimaanlage. Mich erinnert die Stadt an eine Siedlung im *Outer Rim*, dem Außenposten der Star-Wars-Galaxis, in dem eine gut funktionierende Anarchie vorherrscht. Man hat es hier mit einem Ort zu tun, der erst vor Kurzem aus dem Wüstenboden gestampft wurde, vor gerade mal hundert Jahren.

Wir sind noch nicht so alt, sagt Micky. Ihre Mutter Esti ist mit ihren Eltern in den späten 1930er-Jahren aus Coburg in Oberfranken nach Palästina geflohen. Esti musste zunächst bei Verwandten in Lausanne unterkommen, bis ihre Mutter hier in Tel Aviv einen Mann für sie gefunden hatte, der sie heiraten würde, sonst hätte sie nicht einreisen dürfen.

Wir stehen plötzlich zwischen geschlossenen Marktständen, es riecht nach verfaulten Früchten, nach Fisch. In einer der Marktstraßen stehen zwei Männer, einer spült die Straße mit einem Wasserschlauch ab. Wir müssen von Gehsteig zu Gehsteig springen, über den Fluss, der Verpackungen, zerquetschte Äpfel und anderes Obst und einen glitschigen Film mit sich führt. Am anderen Ende des Marktes schiebt ein Bagger die Abfälle auf einen Haufen.

Über unseren Köpfen Türme aus Glas. Wir treten auf den Rothschild-Boulevard. Menschen sitzen um einen Espresso-Kiosk, an den Tischen vor den hell erleuchteten Cafés. Es ist Donnerstagabend, der Beginn des Wochenendes. In einem PM-AM kaufen wir Milch und Zahnpasta.

In der Nacht liegen wir wach. Der Kühlschrank brummt,

im Gang vor unserem Studio knallen die Türen, Gelächter hallt durch das Treppenhaus, gedämpfte Stimmen und Musik. Mich erfüllt dieser Umstand plötzlich mit einer riesigen Sympathie.

Am nächsten Morgen trinken wir Kaffee und brechen in die Stadt auf. Direkt unter dem großen Wolkenkratzer in der Nähe unserer Wohnung, buchstäblich in seinem Schatten, befindet sich ein Quartier mit den winzigen Häusern der ersten Siedlerfamilien. Wir gehen durch enge Gassen, kleine Tore in den Mauern öffnen den Blick auf verwunschene Gärtchen. Das Viertel heißt Neve Tzedek, was in etwa «Wohnsitz der Gerechtigkeit» bedeutet. In kleinen Cafés, Weinbars, Boutiquen tummeln sich Touristen.

Wir frühstücken auf einer Bank am südlichen Ende des Rothschild-Boulevards Obst aus einer Plastiktüte. Es ist Sabbat, was man in den Straßen spürt, fühlt sich an wie Sonntagsstimmung, Menschen sitzen vor Cafés, Paare mit Kinderwagen spazieren auf dem Boulevard, führen Hunde aus, Fahrradfahrer klingeln einen zur Seite. Der Himmel ist blau, ein leichter Wind weht vom Meer.

Auf dem Weg Richtung Zentrum gehen wir an einem Stahlzaun entlang, dahinter öffnet sich ein Loch im Erdreich. Ein bereits gegossenes Fundament ist darin zu sehen. Überall, auch in der Ferne, stehen Wolkenkratzerskelette, Kräne.

Wir spazieren am Meer entlang. Die ganze Stadt scheint unterwegs zu sein, joggt, fährt Fahrrad. Surfer. Ein halb nackter Muskelprotz, der am Geländer steht, das Gesicht Richtung Sonne, mit geschlossenen Augen.

Gestern noch sind wir in Berlin durch Schnee zum Bahnhof gestapft.

Auf der Suche nach der öffentlichen Männertoilette auf der Strandpromenade verlaufe ich mich in eine Umkleidekabine, gehe wieder hinaus und stehe etwas blöd herum. Ein älterer Herr, der auf einem Mäuerchen sitzt, fragt mich etwas auf Hebräisch. Ich antworte auf Englisch, dass ich kein Hebräisch spreche. Da fragt er auf Deutsch: Sprechen Sie Deutsch? Und ich höre mich auf Deutsch sagen: Nur ein bisschen.

Meine Scham auf einmal, diese Sprache aus mir herauskommen zu hören.

Der Mann schaut mich nur amüsiert an und zeigt auf die andere Seite des Häuschens.

Der Rückweg führt uns über den Rabin-Platz, wo der Ministerpräsident Jitzchak Rabin 1995 während einer Rede von einem rechtsextremen orthodoxen Studenten erschossen wurde. L. erzählt, dass man in seiner Brusttasche angeblich das Manuskript der Rede gefunden habe, einer Friedensrede, blutbefleckt.

Ich muss an Dąbrowski denken, den in der polnischen Nationalhymne besungenen General, den Schillers Geschichte des Dreißigjährigen Krieges in der Brusttasche seiner Uniform während der Schlacht bei Bosco angeblich vor einem Herzschuss gerettet hat. Die Friedensrede rettete Rabin nicht.

Am Abend fallen wir müde ins Bett. Wir streamen ein paar Folgen *Girls*, später lese ich in *Ulro* über den Zusammenhang zwischen dem Leben im Exil, der Austreibung des

«Geistes» durch die Naturwissenschaften und die nationalreligiösen Tendenzen der polnischen Romantiker wie Mickiewicz.

Wie stehe eigentlich ich zum Problem der Zufälligkeit des menschlichen Daseins? Bin ich gewollt und geplant und habe damit Wert an sich? Oder bin ich zufälliges Produkt der Evolution und damit austauschbar, auf mich allein gestellt und im Prinzip auch einfach ohne Skrupel auslöschbar, wenn ich als Individuum irgendeinem Politiker oder einem Volk oder religiösen Fanatikern nicht in den Kram passe? Lebe auch ich im *Land Ulro*?

Wir unternehmen einen Ausflug nach Jaffa. Der historische Kern des Stadtteils am Meer wird von schmalen Gassen mit arabischer Architektur dominiert. Ganz Israel wirkt auf mich beengt, schon seit dem Anflug habe ich dieses Gefühl einer bedrückenden Enge. Unser Flugzeug überflog vom Mittelmeer kommend Tel Aviv und flog ins Land hinein, und wir befanden uns schon fast über Jerusalem, als es umdrehte, um zur Landung in Tel Aviv anzusetzen. Der ganze Vorgang dauerte drei oder vier Minuten.

Hier unten lebt man dicht gedrängt, die Flugzeuge über uns sind riesig und gleiten direkt über den Dächern vorbei. Von einer Erhebung in Jaffa sieht man im Landesinneren schon die Golanhöhen und die Berge, hinter denen Syrien beginnt.

27. Januar. Am Nachmittag herrscht Schwüle, starker Wind weht durch die Straßen. Die Menükarte fliegt von unserem Café-Tisch, das Kabel der Heizlampe schlägt gegen den

Ständer. Der Chamsin vielleicht, sagt L., ein warmer und trockener Wind aus der Wüste. Erste Tropfen fallen auf den Asphalt. Ich rauche eine Zigarette. Wir trinken Goldstar (es ist zwanzig vor vier), L. überarbeitet Text. Von einem Kiosk gegenüber schallt traurige Musik aus einem Lautsprecher. Wir sitzen unter einem Schirm neben einer Akazie, und ich warte auf eine Epiphanie.

Ich übersetze den Brief meiner Oma an eine Kindheitsfreundin, die heute in Israel lebt, aus dem Polnischen ins Englische, für den Fall, dass sie, Hanna Levi, kein Polnisch mehr lesen kann.

Die Stadt Stanisławów, in der meine Oma aufwuchs, die vor den zwei Weltkriegen Teil des österreichischen Imperiums gewesen war, dann, in der Zwischenkriegszeit, als Polen nach über hundert Jahren plötzlich wieder ein unabhängiger Staat wurde, polnisch, gehört heute als Iwano-Frankiwsk zur Ukraine. Meine Oma lebte in ihrer Kindheit auf dem Gelände einer Spiritusfabrik des jüdischen Unternehmers Lieberman, weil ihr Vater als staatlicher Kontrolleur der Hefequalität in der Fabrik beschäftigt war. Die gleichaltrige Tochter der Familie Lieberman, Hanna, war ihre beste Freundin. In ihren Erinnerungen an Kindheit und Jugend, also an die Zeit, bevor die Familie Lieberman fliehen musste, ihr Vater von ukrainischen Nationalisten verhaftet und von der Gestapo im Schwarzen Wald ermordet wurde, bevor sie mit Mutter und Schwester von den Russen nach Westen umgesiedelt wurde, kommen die Fabrik und ihre Freundin Hanna oft vor. Überhaupt scheint Stanisławów in ihren Erinnerungen magisch aufgeladen. Noch heute erzählt meine Oma von den jüdischen, armenischen, deutschen und ukrainischen Vierteln der Stadt – in den vier Ecken des zentralen Platzes hätten sich der polnisch-katholische Dom, die ukrainisch-orthodoxe Kirche, der armenische Dom sowie eine Synagoge befunden. Die Erinnerungen an ihre Kindheit und Jugend auf dem Gelände der Fabrik sind stets in einen bürgerlich-wohlhabenden Glanz gehüllt.

Vor zwei Monaten hat meine Oma herausgefunden, dass ihre Kindheitsfreundin noch lebt, und jemand gab ihr eine Adresse in Rishon LeZion. Als sie von unserer Reise nach Israel hörte, gab sie mir einen Brief, den ich persönlich überreichen soll.

Über die Stadt spannt sich ein gelber Himmel. Ich habe Sand in den Augen, die Menschen gehen schnell, eine große Unruhe breitet sich um uns aus. Wir biegen in den Shuk ein, gehen an Obst und Süßigkeiten entlang. Rückkehr über den Rothschild-Boulevard. Und dann ist mit einem Schlag alles vorbei, der Wind ist einfach weg. Auf der Brücke in der Nähe unserer Wohnung stellen wir uns ans Geländer und sehen uns den aufklarenden Himmel im Südwesten an, dabei knacken wir Sonnenblumenkerne. Der Abend bricht herein, es dunkelt, in mir breitet sich ein Gefühl des Friedens aus. Wir könnten jetzt irgendwo sein, Hauptsache, man hat Sonnenblumenkerne und kann herumstehen, sich auf ein Geländer stützen, irgendwohin schauen.

Zu Hause essen wir die ersten Erdbeeren in diesem Jahr.

29. Januar. Am Abend treffen wir Ligal, eine Freundin von L., in einem indischen Café im zweiten Stock eines Wohnhauses – ohne Ligals Hinweis wäre mir das Café von außen nie aufgefallen. Man muss die Schuhe ausziehen, wenn man den Raum betritt, man sitzt auf dem Boden, die Wände sind pastellgrün und orange angestrichen, Bilder von Krishna, wie er auf einer Wiese Schmetterlingen hinterhertanzt, hängen über uns, Reggae-Musik erklingt aus Lautsprechern unter der Decke.

Ligal erzählt von ihrer Tätigkeit als Koordinatorin eines Sozialprojekts, in dem Studierende sich um sozial benachteiligte Kinder und Jugendliche kümmern. Sie musste vor Kurzem eine Studentin entlassen, weil diese monatelang vorgetäuscht hatte, sich mit ihrem Schützling zu treffen.

Ligal trägt einen polnischen Nachnamen (Lakowsky). Ihr Vater stammt aus einem Teil Litauens, der eine Zeit lang zu Ostpreußen gehört hat, ihre Mutter stammt aus Argentinien. Ihr Großvater spricht noch Jiddisch, aber er ist 89 Jahre alt, und es vermischen sich bei ihm immer häufiger Hebräisch, Englisch, Jiddisch und Spanisch.

Jiddisch, sage ich, wird traurigerweise bald aussterben.

Aber ist das wirklich traurig?, fragt Ligal. In den Schtetln habe Jiddisch eine Funktion gehabt, aber braucht es heute noch jemand?

Seit gestern fühle ich mich irgendwie krank oder jedenfalls müde. Ich will nichts mehr aufschreiben. Es passiert nichts, oder vielleicht ist dies eher die Zeit des Erlebens, nicht des Schreibens. Andererseits überkommt mich wieder das Gefühl, dass mein Erleben auf Reisen flach ist, seicht, dass ich nur Oberflächen sehe, an ihnen abgleite – mein Hirn ist voller Stereotype. Die Jungen mit den Schläfenlocken, Fußball spielend. Die vielen Menschen auf dem Markt. Die Gerüche: Obst, Müll, Abgase, Gewürze. Es passiert nicht viel in mir. Die Reise scheint mir nur wie das Lebendigwerden eines Reiseführers über Israel, oder täusche ich mich? Passieren doch Dinge in meinem Rücken, und ich werde sie erst im Nachhinein bemerken, auf der Rückseite der Sprache und der Stereotype?

L. hat Ligal, wie sie mir beim Spaziergang zum Museum erzählt, in einem Kibbuz kennengelernt. L. arbeitete in der Küche, Ligal betreute Kinder. Es ist offenbar unüblich, dass Israelis, die, wie Ligal, nicht aus dem Kibbuz stammen, in einem solchen arbeiten. Auch Europäerinnen und Europäer waren in dem konkreten Kibbuz im Süden selten beschäftigt. Deshalb näherten sich die zwei Außenseiterinnen an. Ligal besuchte L. in der Küche, sie plauderten, wenn Ligal mit den Kindern in den Speisesaal kam. Ihre Nachmittage verbrachten sie miteinander am Pool, auf der Wiese, in ihren Zimmern. Um das Gelände nichts als Wüste. Im Kibbuz gab es einen einzigen Laden. Und eines der Häuschen war ein Kulturzentrum, das L. aber nur ein Mal besuchte. Im Laden bezahlte man mit den Punkten, die man für seine Arbeitsstunden auf einer Karte gutgeschrieben bekam.

Wir verzichten darauf, ins Tel Aviv Museum of Art zu gehen. In einem Café lese ich den Faust-Monolog. Am Nebentisch sitzen eine Deutsche, am rechten Ohr ein Ohrring mit Feder, und eine ganz in Schwarz gekleidete Israelin.

«We had to go through the whole process», sagt die Deutsche, offenbar geht es um ein Kunstprojekt, etwas mit Design oder Tanz. Die Schwarzgekleidete hat jetzt plötzlich einen französischen Akzent.

«If you finish a product ... but there is no photo», sagt die Französin.

«Yes, you're right», sagt die Deutsche. «You have to find a photographer.»

Es geht um ein Fashion-Department, in dem die Französin wohl arbeitet.

Wozu soll man ins Museum? Es geschieht etwas in dieser Stadt, würde man als Journalist in einem Modemagazin oder auf einem Blog wohl schreiben. Während die Szene vor uns wie in einem Film abläuft, bleibt eine junge Frau mit Sonnenbrille vor einem Mäuerchen an der Front des Cafés stehen und hält, bevor sie weitergeht, ihre Fotokamera auf Kniehöhe vor die Wand.

Ich bin dann, während L. zahlte, aufgestanden und habe nachgeschaut. Da ist ein hebräisches Wort in schwarzer Farbe auf die Wand gesprayt, mit einer Schablone, sodass es wie gedruckt aussieht.

30. Januar. Mein Zeitempfinden ist vollkommen durcheinander. Ist heute wirklich erst Mittwoch? Diese Verschiebung des Samstags auf den Freitag, des Sonntags auf den Samstag und so weiter gibt jedem Tag in der Woche ein seltsames spezifisches Gewicht, weist ihm eine für mein christlich-europäisches Empfinden «falsche» Bedeutsamkeit zu. Sie täuscht mir Beschleunigung vor, ein ungewohntes Vorangeschrittensein im hier unumstößlich normalen Ablauf der Woche.

Auf der Straße bleibt ein Mann stehen, nestelt am Reißverschluss seiner Hose, stolpert weiter. Die zu große, schmutzige Jeans, das zu große grüne Sweatshirt, der struppige Bart. Die Menschen aus Äthiopien sind in Israel das, was sie auch bei uns sind, sie werden vermutlich auf ähnliche Weise abgewertet, marginalisiert, benutzt. Ligal hat erzählt, dass in Be'er Scheva, wo sie wohnt, viele Äthiopierinnen und Äthiopier leben, es also viel Armut gebe. Gestern sahen L. und ich im Vorbeigehen durch die Küchentür eines Restaurants, dass in der Küche ausschließlich schwarze Männer und Frauen arbeiteten. An ihrem Sehnsuchtsziel «Westen» angekommen.

Ich sitze an einem Café-Tisch, Sonnenflecken wandern über den Platz, irgendwo kreischt eine Kreissäge. Ein Lieferwagen steht vor der Tür des Cafés, am Nachbartisch sitzen drei Männer, die Kaffee trinken, plaudern und lachen. Eigentlich ist alles wie in unserem Viertel in Berlin, fremde Sprachen erklingen um einen herum. Viele Läden haben noch geschlossen, die Garagentür-Jalousien sind heruntergezogen. Was heißt «Sababa»? – Gut. Worüber sprechen die drei Frauen am anderen Nebentisch? «Skolech lo mi.» Ah, jetzt fiel das Wort New York. Ein Mann mit einem Fahrradhelm auf dem Kopf spaziert vorbei.

Gestern habe ich in einer Gasse von Neve Tzedek eine Gruppe von Jungen in olivgrünen Uniformen gesehen, das Maschinengewehr um die Schulter geschnallt, mit eingeklappten schwarzen Kolben und außen befestigten braunroten Magazinen. Sie standen vor einer Frau, die etwas erzählte und auf eines der Gebäude deutete, vertraten sich die Beine, machten Witze, wie auf einem Schulausflug. Genau so, denke ich, stand ich herum und vertrat mir die Beine und machte Witze, als wir in der zehnten Klasse Berlin besichtigten, zwischen Checkpoint Charlie und dem Bahnhof Zoo, mit meinen Freunden, rauchend, Sprüche klopfend und über unsere eigenen Witze lachend, das Zentrum der Welt.

1. Februar. Zugfahrt nach Nahariya. Zu Abend essen wir im Erdgeschoss bei Micky (ihr Bruder Yori wohnt oben). Danach zeigt sie uns den vor Kurzem fertiggestellten Bunker mit Stahlbetonwänden und Panzerglasfenster, der innen wie ein normales, geweißeltes Zimmer mit Gästecouch aussieht.

Ihr könntet auch hier schlafen, sagt Micky, soll sehr bequem sein, haben mir schon viele Gäste gesagt. Zum Bunker gehört auch eine eigene Toilette.

Später kommt Yori hinunter. Am Nachmittag hatte in seiner Wohnung eine Zeremonie für seinen vier Wochen alten Enkel stattgefunden, bei der die Eltern ihren erstgeborenen Sohn symbolisch vom Dienst im Tempel freikaufen mussten. Deshalb waren Speisen und Getränke serviert worden, Yori, der Großvater, war danach eingeschlafen, während Micky mit Yoris Söhnen die Wohnung wieder auf Vordermann brachte.

Jetzt gibt es Tee und marokkanisches Süßgebäck in Mickys Wohnzimmer. Yori erzählt von der Flucht ihrer Mutter, Esti. Und von der Flucht einer Tante, die sehr reich gewesen sei, ein Kaufhaus in Bayreuth besessen habe. Außerdem von der Oma, die mit ihrem Mann ein Internat für die Kinder reicher jüdischer Eltern in Coburg betrieben hatte, ein herrschaftliches Haus.

Als der Prinz von Bulgarien beim Bürgermeister von Coburg zu Besuch war, erklärt Yori in perfektem Deutsch, das er von seinen Eltern gelernt hat, richtete sie das Essen aus, in ihrer Villa. Mit allem Pipapo, sagt Yori, weil die Villa das schönste Haus der Stadt gewesen sei.

Insgesamt hätten sie alle Glück gehabt, fährt er mit ernstem Gesichtsausdruck fort. Nur ein Onkel fiel den Nazis zum Opfer, ein Bruder der Oma. Und zwar wählte er den Freitod, als er verhaftet wurde. Er brachte sich noch während des Transports mit einer Zyanidkapsel um.

2. Februar. Autoausflug zu den Golanhöhen. Grüne Hügel und eine felsige Landschaft wechseln sich ab. So hoch im Norden, sagt Micky, die am Steuer sitzt, haben sich nur Kibuzzniks niedergelassen.

Wir fahren die Grenze zum Libanon entlang, mehrmals direkt am Grenzzaun. Auf einer Anhöhe taucht ein libanesisches Dorf auf, Minarette ragen schlank über die Dächer, auf unserer Seite der Grenze ist alles grün, dort ist alles grau und steinig. Dann senkt sich die Straße ins Jordantal hinab, wir passieren einen ehemaligen britischen Stützpunkt, der hier seit dem Ende der Mandatszeit um 1947 stehen geblieben ist. Im Tal wenden wir uns Richtung Norden, fahren durch die Stadt Kirjat Schmona, die, wie Micky sagt, besonders oft von der anderen Seite der Grenze mit Raketen getroffen worden sei.

Zu unserer Rechten erheben sich schon die Golanhöhen, mächtig, heute gehören sie zu Israel, aber man versteht, was das Problem gewesen sein muss, als diese Hänge noch zu Syrien gehörten, vor dem Krieg von 1967.

Man musste nur dort oben stehen, sagt Micky, die nach ihrem Militärdienst lange in der Armee gearbeitet hatte, und runterschießen. Die Menschen in den israelischen Dörfern, sagt sie, konnten überhaupt nichts tun.

Weit oben, auf einem Vorsprung, erhebt sich eine Burgruine über die Landschaft, von europäischen Kreuzrittern erbaut. Abgesehen davon, dass in diesem Landstrich die ersten menschlichen Hochkulturen gesiedelt hatten, von Mesopotamien herkommend, dann die Israeliten, Aramäer und Ägypter, waren hier ja später auch Moslems und Christen unterwegs.

Dabei, so dachte ich, aus dem Autofenster schauend, sind es karge Hügel. Im Sommer ist es hier heiß, der Jordan ein Rinnsal. Hier wachsen nur Eukalyptus, Oliven und was sonst? Was gibt es hier zu holen?

Zwischenstopp bei Tel Faher, einer alten Bunkeranlage über dem Jordantal, von der aus die syrische Armee immer wieder Israel dort unten auf der anderen Seite des Flusses beschossen hatte. Wir steigen aus, gehen zwischen den Erdgängen und Ruinen herum, wie auf einem Autoausflug mit meinem Onkel Tomek in der Umgebung von Opole.

Micky erzählt, dass Yori im Sechstagekrieg 1967 an der Erstürmung dieser Bunkeranlage beteiligt gewesen sei. Und dass er erst vor Kurzem darüber habe sprechen können.

Die Nachricht trifft mich wie ein Schlag. Ich hatte keine Ahnung. Unter uns das wellenartig ansteigende Gelände, über das die Soldaten wie auf einem Präsentierteller Meter für Meter herangerobbt sein müssen. Ich stelle mir Yori als Zwanzigjährigen vor, wie die Jungen und Mädchen, die wir im Zug gesehen hatten: mit ihren Gewehren, in ihren Handys scrollend, mit Taschen, auf dem Weg nach Hause für das Wochenende. Er ist ein Jugendlicher, eigentlich ein Kind, und dann heißt es: Du gehst jetzt da hoch und erstürmst diesen Hügel. Du erschießt jeden Syrer, den du siehst.

Sie sind in einen Hinterhalt geraten, erklärt Micky. Es gibt zwei Bunker, einen höher gelegenen und einen weiter unten, und sie hatten angenommen, dass der Beschuss von dort gekommen sei. Aber als sie diesen Bunker erreicht hatten, wurden sie plötzlich von hier oben weiter beschossen.

L. und ich gehen zwischen den Eingängen herum, betreten die unterirdischen Räume, und ich versuche mir vorzustellen, dass ich selbst gezwungen wäre, in eines dieser Löcher zu kriechen, in die Dunkelheit hinein, wo sich jederzeit ein syrischer Soldat mit seiner Waffe versteckt halten kann, ein junger Typ wie ich. Warum sind sie nicht alle davongerannt, frage ich mich. Yori war gerade mit der Schule fertig. Unmöglich, sich vorzustellen, wie es ist, vor einer solchen Entscheidung zu stehen – der Schutz der Gemeinschaft, der Schutz der eigenen Familie, der Menschen, die man liebt – oder das eigene Leben. Das ist, was später Geschichte genannt wird.

Hundert Höhenmeter weiter oben fahren wir plötzlich durch ein drusisches Dorf. Niemand wisse so genau, was die Drusen eigentlich glaubten, sagt Micky. Ihre Religion sei für Außenstehende geheim. Aber sie lebten nach dem Grundsatz, sich jedem Land gegenüber, in dem sie sich niederließen, loyal zu verhalten. Israel mache den Fehler, ihnen nicht zu zeigen, dass man sie hier haben wolle. Die

Integration sei ungenügend, ihre Schulen bekämen zu wenig Geld.

Karges Bergland, überall Felsen, die Bäume sind kahl. Über allem thront der verschneite Gipfel des Hermon an der Grenze zu Syrien, wo man im Winter Ski fahren kann. Wir rollen durch das nächste Dorf, Kinder schauen uns an, Frauen in weißen Kopftüchern. Ein Mädchen winkt. Die Bauweise der Häuser ist anders als in den jüdisch und arabisch geprägten Dörfern: Die Wände sind unverputzt, die Fenster mit Rundbögen versehen.

Von den Golanhöhen fahren wir Richtung Westen, unter uns im Tal taucht plötzlich der See Genezareth auf, eine silberne Fläche, tief unter uns, darüber der Sonnenuntergang. Dort unten soll Jesus über das Wasser gegangen sein. Aber um uns unbekannte Höhenzüge, ein Gefühl der Fremdheit, als die Dunkelheit einbricht. Dann läuft im Radio plötzlich «Father and Son» von Cat Stevens aka Yusuf Islam, und da erfüllt mich plötzlich ein wärmendes Gefühl, eine Art McDonald's-Effekt. Ich erinnere mich an die Fahrt im Jeep durch den nächtlichen Kakadu-Nationalpark bei Darwin in Australien im Jahr 2000. Fremde Sterne über uns, bis im Radio «With Or Without You» von U2 anlief. In diesem Moment hatte ich genau das gleiche Gefühl der plötzlichen Beheimatung.

3. Februar. Wir sind zurück in Tel Aviv. Ich lese bei Miłosz über das pantheistische Weltbild Swedenborgs: die Welt als System aus Bedeutungskorrespondenzen zum Inneren des Menschen; der Mensch ist Gott und projiziert das

Gute und das Böse nach außen, alles ist in Wahrheit Sprache, im doppelten Sinn: Alles ist das Wort, und das Wort ist alles.

Am Abend breitet sich in mir ein sanfter Nihilismus aus, pünktlich zum Einbruch der Dunkelheit hinter den Fenstern.

L. trifft sich zum Mittagessen mit Dekel in Jaffa, er kommt direkt aus Jerusalem, konnte sich am Gericht früher freinehmen. Ich esse alleine. Von der Terrasse des Cafés im Hof des Suzanna-Dellal-Zentrums sehe ich eine schwangere Frau durch die Metalltür in einer Mauer in den Garten eines Hauses treten. Wie muss man sich fühlen, was denkt man, wenn man weiß, dass man eine zukünftige Soldatin, einen zukünftigen Soldaten zur Welt bringen wird? Wie leben die Menschen hier im Wissen, ständig der Gefahr ausgesetzt zu sein.

Das Haus hat Holzläden vor den Fenstern, der Garten liegt im Schatten einer großen Palme. Im reichen Neve Tzedek breitet sich eine angenehme Ruhe aus.

6. Februar. Heute traue ich mich endlich. Am Nachmittag fahren wir mit dem Bus Nummer 274 nach Rishon Letzion im Süden von Tel Aviv. Ohne Probleme finden wir die Spinoza-Straße. Eine Frau zeigt uns das Klingelschild mit dem Namen Levi im Hauseingang. Der Buzzer summt, aber es öffnet niemand.

Enttäuscht werfe ich den Brief meiner Oma zusammen mit einer Nachricht und meiner Telefonnummer in den Briefkasten. Ich hätte so gerne mit dieser Frau, Hanna Levi, gesprochen, hätte sie gefragt, woran sie sich erinnern könne aus der Kindheit mit meiner Oma. Obwohl ich auch, wie immer bei einer anstehenden direkten Berührung mit der Geschichte meiner Familie und der drohenden emotionalen Verstrickung in die Vergangenheit, erleichtert bin. Als wäre ich einer Gefahr entronnen.

Wir sitzen schon im Bus, mitten im Chaos des Feierabendverkehrs, da vibriert plötzlich mein Telefon.

Hallo?, höre ich eine Frauenstimme sagen.

Sie spricht Englisch. Und, wie sich herausstellt, auch Deutsch. Polnisch nur in einer kindlichen Variante, wie sie am Telefon behauptet.

Ich bin seltsam glücklich, als ich auflege, vor allem für meine Oma: dass ich ihr von diesem Treffen werde erzählen können.

7. Februar. Am nächsten Tag fahren wir wieder nach Rishon Letzion. Ich bin auf einmal sehr aufgeregt und spüre, während wir durch ihre Straße gehen, eine persönliche Verbundenheit zu Hanna Levi, als hätten wir ein besonderes Verhältnis zueinander, schon jetzt.

Der Buzzer summt, und diesmal geht die Tür auf.

Sie serviert Kekse und Obst, sie ist sehr freundlich, fragt uns auf Deutsch, wo wir hier untergekommen seien, ob wir Leute in Tel Aviv kennen würden. Aber ich merke schnell, dass meine emotionale Ergriffenheit unangemessen ist, an der Sache vorbeigeht.

Wer war deine Oma noch mal genau?, fragt Hanna Levi, nachdem wir eine Weile über das Viertel Florentin gesprochen haben.

Ich erkläre, dass meine Oma oft von ihr und ihrer gemeinsamen Kindheit in Stanisławów erzählt habe, dass ich viel über die Villa ihres Vaters und den Tennisplatz auf dem Gelände der Spiritusfabrik gehört hätte, wo sie gespielt hätten und wo der Vater meiner Oma als städtischer Kontrolleur für die Hefeproduktion eingestellt gewesen sei.

Ich stelle Hanna Levi Fragen zu der Fabrik, zur Villa usw., aber sie erzählt lieber von ihrer Großmutter und von den Sommern in Olomouc in Böhmen oder von Greta Fischer, ihrer Gouvernante, die nach dem Zweiten Weltkrieg in einem Kloster bei Dachau für die Vereinten Nationen traumatisierte Waisenkinder aus deutschen KZs betreut und später, in Israel, an der Universität von Jerusalem eine Abteilung für Sozialarbeit aufgebaut und geleitet hatte, weshalb sie in Israel noch heute berühmt sei. Ich wurde sogar zu der Einweihung der Greta-Fischer-Schule eingeladen, sagt sie, um eine Rede zu halten.

Sie erzählt von einem Onkel Lieberman, der eines der ersten Häuser im neuen Staat besessen habe, in Nahariya. Das heute in diesem Haus befindliche Stadtgründungsmuseum sei nach ihm benannt.

Ich sage: Auch meine Oma hat von der Gouvernante Greta Fischer gesprochen. Sie solle ihr Französisch beigebracht haben.

Interessant, sagt Frau Levi und fragt, ob wir noch etwas trinken wollten, und hantiert dann eine Weile in der Küche.

Als sie zurückkommt, schlägt sie vor, uns die Wohnung zu zeigen, und wir stehen auf und lassen uns in einen Gang führen. An einer Wand bleibt sie stehen und deutet auf mehrere gerahmte Drucke, auf denen, wie sie uns erklärt, die Fabrik in Stanisławów zu sehen ist und auch die Villa ihrer Eltern und die kleinen Häuschen der Angestellten.

In einem dieser Häuser könnte deine Oma gewohnt haben, sagt sie.

Aber das kann nicht stimmen, denke ich, denn meine Oma spricht immer von der Villa und der Gouvernante und vom Chauffeur Herr Kunert, einem Deutschen aus der Kolonie, und vom Tennisplatz und vom Schwimmbad.

Ihr Vater war kein Arbeiter der Fabrik, sage ich deshalb, er war Kontrolleur für die Qualität des Spiritus, ein städtischer Beamter. Er muss, sage ich, in eher gehobenen Verhältnissen gelebt haben. Später ist er von den Deutschen erschossen worden, gerade weil er Teil des polnischen Beamtenapparats gewesen sei.

Hanna Levi zeigt uns Bilder von ihren sechs Enkeln, sie ist besonders stolz auf einen, der sich gerade anschickt, Offizier in einer Marine-Spezialeinheit zu werden. Auf dem Foto ist er in einer weißen Uniform zu sehen, in Reih und Glied mit anderen jungen Männern, während einer Zeremonie. Eine stolze Großmutter, die irgendwelchen ihr gänzlich unbekannten Besuchern aus Deutschland Fotos von ihrer Familie zeigt.

Zum Ende unseres Besuchs spricht sie vom Weizmann-Institut für Wissenschaften, an dem ihr Mann, Zwi Levi, gearbeitet habe, über fünfzig Jahre lang. Sie seien in den 1960er-Jahren nach Teheran, Nepal, Singapur und über die Philippinen nach Japan zu Kongressen gereist. Wir sollten unbedingt das Weizmann-Institut in Rechovot besichtigen, das sagt sie mehrere Male und greift plötzlich nach dem Telefon, ruft sogar jemanden an, der dort arbeitet, um für uns einen Termin auszumachen.

Nachdem sie uns Fotos von ihrer letzten Reise durch Tschechien und Bayern gezeigt hat, wird es, das merken wir, langsam Zeit, aufzubrechen.

Ihr müsst unbedingt das Weizmann-Institut besichtigen, sagt sie im Flur. Das ist sehr interessant. Ach, und Grüße an deine Oma, das ist doch selbstverständlich!

Im Bus zurück fühle ich mich seltsam enttäuscht. Aber nach einer Weile verschwindet dieses Gefühl. Hanna Levi ist heute fast neunzig Jahre alt, wie meine Oma. Sie ist als Kind in diesem neuen Land angekommen, hat den zweiten Teil ihrer Kindheit und ihre Jugend hier verbracht, den Aufbau des Landes mitgestaltet, eine Familie gegründet, hat gearbeitet, ein ganzes Leben gelebt. In Wahrheit hat es mich, wie ich plötzlich merke, gefreut, das zu sehen. Enttäuschung ist vielleicht genau das falsche Wort, denke ich in diesem Moment.

Später am Abend spaziere ich allein zum Meer. In den Gassen von Neve Tzedek weht ein angenehmer sanfter Wind. Ich merke plötzlich, wie gern ich in diesem Land bin, wie gern ich durch diese Straßen gehe.

8. Februar. Am Morgen treffen wir uns mit Micky in einem Vorort, etwas außerhalb von Tel Aviv, und fahren gemeinsam ans Tote Meer, über die Hügel um Jerusalem. Auf dem Weg passieren wir diverse Grenzposten, weil wir durch palästinensische Autonomiegebiete fahren. Wir werden aber immer nur durchgewunken. Mein merkwürdiges, falsches Gefühl, dass hier alles normal ist, ich spüre keine Gefahr, es ist ein normales Land, alle Leute um uns scheinen ihren gewohnten Tagesgeschäften nachzugehen. Ich fühle mich wie in Europa, während wir in Mickys Auto über die Autobahn gleiten, mit dem Blick auf arabische Dörfer auf der Kuppe eines Hügels oder tief in einem Tal, wo ja auch Menschen leben, genauso wie in den jüdischen Landesteilen.

Hinter Jerusalem beginnt die Wüste. Um uns breiten sich Sandhügel aus, in denen nur hier und da eine Siedlung von Beduinen auftaucht, Blechhütten, Zelte, ein Auto mit Anhänger. Die Autobahn führt immer tiefer hinab, dann taucht eine Markierung am Straßenrand auf, vor der sich ein paar jugendliche Touristinnen und Touristen fotografieren lassen, daneben steht ein angepflocktes, gesatteltes Kamel. Von jetzt an, besagt das Schild, befinde man sich unterhalb des Meeresspiegels.

Plötzlich öffnet sich vor uns das Jordantal. Das Tote Meer schaut aus wie eine Fläche aus Quecksilber. Zur Linken sind die Häuser von Jericho zu sehen. Am Horizont, am anderen Ufer im Dunst nur zu erahnen, eine Hügelkette, die schon zu Jordanien gehört.

Salzlake, Krusten, verkrüppelte knorrige Erinnerungen an Oasen. Das Tote Meer schimmert türkis an den Ufern, um es herum ist alles grau und braun. In Schichten hat sich der Strand ans Land gelegt.

In der Felsenwand, rechts neben der Straße, entdecke ich eine Gruppe wilder Steinböcke. Wir überholen einen Lkw. Jordanien bleibt in den Wolken kaum sichtbar. Hier und da ist am Straßenrand ein Palmenhain zu sehen. Datteln, erklärt Micky. Dann wieder Geröll, vertrocknete Bäumchen. Unten, zwischen Ufer und Straße, öffnen sich kleine Canyons in den Kreideformationen. Die Bäche, die von den Bergen fließen, graben sich ihren Weg ins Tal hinab.

Wenn es hier Wasser gibt, erklärt Micky, dann nur an einem einzelnen Tag. Dann kommt alles auf einmal und mit großer Wucht.

Wir passieren die Ruinen flacher Gebäude, vielleicht von einem Kibbuz. Die Leute haben versucht, sich hier ein Leben aufzubauen.

Hinter Ein Gedi, einer Oase mitten in dieser Marslandschaft, darin ein Spa-Hotel und eine Jugendherberge neben dem Kibbuz, steht plötzlich am Horizont ein einzelner Tafelberg. Als wir ihn erreicht haben, parken wir in der Tiefgarage unter dem Touristikzentrum. Zwei Reisebusse stehen auf dem ansonsten leeren Parkplatz.

Für jede Schulklasse in Israel ein Muss, sagt Micky.

In einem Bericht des Flavius Josephus (ca. 80 n. Chr.) heißt es, dass die Römer, die hier 70 n. Chr. die letzten Rebellen des jüdischen Aufstands in ihrer Festung Masada belagert hatten, oben angekommen nur Leichen vorgefunden hätten. Die Menschen hatten es vorgezogen, ihre Familien und sich selbst umzubringen, bevor sie den Besatzern in die Hände fielen. Es ist eine der berühmtesten «Geschichten» über das Judentum überhaupt.

Wir fahren mit einer Gondel auf den Berg hinauf. Oben öffnet sich der Blick über eine scheinbar unendliche Ebene, und L. und mir bleibt die Luft weg. Vom Nordpalast, der sich wie der Bug eines Schiffs über das Land erhebt, sieht man tief unten die abgesteckten Umrisse der römischen Lager am Fuß des Bergs. Hat Flavius Silva, der römische Statthalter von Judäa, hier, nach der Einnahme der Festung, auf seiner neuen Terrasse gefrühstückt? Neben ihm plätscherte vielleicht ein Springbrunnen? Man sieht noch heute die Erdrampe, die die Römer nach mehrmonatiger

Belagerung von der westlichen Seite aufschütteten, um die Mauer zu überwinden.

Kurz ein Staunen, dass die Menschen wirklich hier gewesen sind. Dass diese Geschichte vom Massenselbstmord wirklich passiert ist. Hier haben vor mehr als 2000 Jahren Menschen gelebt, Dinge gedacht, sich an ihren Gott gewandt, Kunst geschaffen, den Tod vor sich gesehen. Es bleiben nur der Stein und der Sand.

Wir essen in der nächsten Oase zu Mittag, um uns Hotelanlagen. Später gehen wir zu einem der Strände. Ich halte meine Hand ins ölige Wasser.

Auf der Rückfahrt döse ich ein. Als ich aufwache, dunkelt es schon. Die Minarette sind in der Schwärze um die Hügel von Jerusalem neongrün beleuchtet. Micky erklärt uns, dass das Hoffnung symbolisieren solle. Die grün leuchtenden Türme schweben im Schwarz. Girlanden in der Tiefe des Nichts.

Am Abend treffen wir Micky, Yori und Lotte in einem rumänischen Restaurant im Norden Tel Avivs. Mit dabei ist auch die Schwiegertochter von Lotte. Lotte war die beste Freundin von Esti, der Mutter von Micky und Yori. Sie lebt bei Vevey am Genfer See, besitzt aber auch ein Haus in Tel Aviv und verbringt die Wintermonate hier. Wir sprechen Deutsch. Yori erzählt einen Witz nach dem anderen, er liebt es, die alten Witze über die Jeckes wiederaufleben zu lassen, über die überkorrekten deutschen Juden, die nach Palästina kamen. Witze, die er wiederum von seinen Eltern und deren Freunden kennt.

Raia, Lottes Schwiegertochter, die heute in den USA lebt, soll erzählen, woher ihre Eltern stammen. Die Mutter aus Breslau, sagt Raia, der Vater aus Holland. Der Großvater wiederum aus Rumänien.

Das Gespräch kommt auf ein berühmtes Hotel in Tel Aviv aus der Staatsgründungszeit, das einer Tante von Lotte gehört hat. Die berühmtesten Geflüchteten hätten darin verkehrt, Max Brod zum Beispiel. Noch heute fragten Leute Lotte darüber aus.

21. Februar. Nachmittag, *Spiegel Online*: 25 Tote auf dem Majdan in Kiew. Mir fehlen die Worte. Mitten in Europa bricht nach und nach, innerhalb von drei Monaten, ein Bürgerkrieg aus, der die EU und Russland früher oder später noch weiter auseinanderbringen wird. Am ehesten wäre die Situation noch zu retten, wenn Janukowytsch abdankte und die Leute abstimmen könnten, wohin sie gehören wollen. Die Ukraine ist einerseits Europa, andererseits Russland. Und liegt gleich neben Polen. Im letzten Sommer waren L. und ich noch in Lublin, in der Nähe der Grenze. Am ehesten, denke ich, ist das Land einfach die Ukraine, eine eigene Kultur.

Und jetzt wird dort bald Krieg herrschen, mindestens aber wird Janukowytsch unter dem Vorwand von Sicherheit vor «rechtem Terror» seine Macht zementieren. Putin wird ihm hierfür Panzer und Gas liefern. Und die demokratische EU, die mit Putin gute Geschäfte macht, wird alles erst einmal ausdiskutieren wollen. Sich feige zurückhalten, um unseren Wohlstand nicht aufs Spiel zu setzen.

22. Februar. «Eine unendliche Entfernung», schreibt Simone Weil, «trennt das Gute von der Notwendigkeit.»

Und Miłosz: «In dieser unendlichen Zahl von Kausalreihen gibt es auch nicht das kleinste Quäntchen von dem, was wir als das Gute bezeichnen, und das Argument, das Simone Weil mit Vorliebe gegen Fortschrittler jeder Observanz, gegen die weltlichen Humanisten ins Feld führt, ist der Nachweis, dass sie zwei inkommensurable Seinsordnungen durcheinanderbringen, indem sie das Gute auf einer Ebene ansiedeln, auf der nur blinde Notwendigkeit waltet.»

Dies ist das Land Ulro: Die Notwendigkeit von Macht, die Rationalität der Ökonomie.

25. Februar. Eine Bildstrecke auf *SPON*: In blauem Skianzug und mit Militärhelm versteckt sich ein Demonstrant hinter einem erbeuteten Polizeischild. Ein orthodoxer Priester in schwarzem Gewand hält eine weinende alte Frau am Arm, im Hintergrund ragen zwei Beinpaare in Schuhen und Hosen neben einem Steinbrunnen unter einer Plane hervor. Mehrere Männer und Frauen, teils in Militär-, teils in normalen Winterjacken, mit Helmen und Labor- oder Skibrillen, die über einen Berg aus Unrat klettern, alles in dichten, schwarzen Rauch gehüllt. Eine Reihe von schwarz uniformierten Polizisten in Rüstungen, gebückt, in Sprunghaltung, die Helme mit offenem Visier, Pumpguns im Anschlag – aus einer dieser Waffen sprüht gerade eine helle Stichflamme.

Der Majdan aus der Vogelperspektive: Menschenmassen, Rauch, blaugelbe Fahnen; Baracken und Zelte um ein gelbes Gebäude, eine orthodoxe Kirche; durch eine Gasse in der Menge nähert sich ein Krankenwagen. Männer kauern in Winterkleidung – einer trägt einen Skihelm – hinter einer Wand aus Autoreifen, dahinter Rauch und der orangene Schein eines brennenden Feuers.

Und dann die symbolisch wirksame Aufnahme von Demonstrierenden am Brunnen im Zentrum des Platzes, unter einem Denkmal, das zwei Ritterkönige, eine Frau mit zur Siegesgeste erhobenen Armen und einen Bogenschützen zeigt, die Gründer und die Gründerin der Stadt Kyj, Schtschek, Choryw und Lybid, darüber aufsteigender schwarzer Rauch. Das Denkmal scheint aus einer Menschenmenge aufzusteigen, aus der Mitte der demonstrierenden Bürgerinnen und Bürger von Kiew.

27. Februar. Am Abend trinken wir ein Abschiedsbier im *O'Patrick's* am Rothschild-Boulevard. Dekel und Segev sind gekommen sowie Segevs Ehefrau Tal. Wir sprechen über das Land, über die Widerstandskraft der Leute, die trotz der Gefahr und des Eingeschlossenseins Partys feiern, alles mit schwarzem Humor nehmen, ihrem alltäglichen Leben nachgehen. Ich bin berührt davon, wie Dekel und Segev und Tal miteinander scherzen, wie sie herumalbern.

Dekel kommt auf eine Fotografie zu sprechen, die L. ihm vor einiger Zeit zugeschickt hat, das einzige Bild, sagt er, das er in seiner Wohnung aufgehängt habe.

Ich erinnere mich: Auf dem Foto sind Dekel und Segev bei einer Rast unter einem Baum zu sehen, während einer Wanderung in der Negev-Wüste, kurz nachdem L. die beiden kennengelernt hatte.

Es sei sein zweitliebstes Foto überhaupt, sagt Dekel, gleich nach demjenigen, auf dem sein großer Bruder als Zwölftklässler in der Schule im Kibbuz zu sehen ist, wie er ihn, den Erstklässler, auf den Schultern trage.

Das Foto, sagt Dekel, handelt von Freundschaft.

TEIL 2
Eine neue Gegenwart

Ljubljana (2016)

14. Januar. Die Maschine sinkt langsam zwischen die Berge, taucht in watteartige Nebelfelder. Auf dem Flughafen dann eine seltsame Weite, die kaum von den Bergen begrenzt wird. Unser Flugzeug ist so klein, dass ich beim Betreten der Kabine nicht aufrecht hatte stehen können. Der Mann neben mir hat, obwohl die Heizung aufgedreht ist und die Luft trocken, seine Daunenjacke nicht ausgezogen, er liest ein Magazin, und sein Oberarm und seine Schulter ragen über die Armlehne weit in meinen Sitzraum hinein.

Ich unterhalte mich, unnatürlich über den Gang gelehnt, mit Aboud, einem Autor aus Berlin. Wir sind, zusammen mit weiteren Autorinnen und Autoren aus Deutschland, Österreich und der Schweiz, von der Literaturzeitschrift *IDIOT* nach Ljubljana zu einem Festival eingeladen worden.

Unser Englisch ist zwar nicht sehr differenziert, genügt aber, damit wir gemeinsam die Zukunft der Personenluftfahrt diskutieren können. Er vertritt die Ansicht, dass es früher oder später zu einer extremen Verkürzung der Reisezeiten kommen werde. Wenn Langstreckenraketen innerhalb von Minuten von Russland nach Europa fliegen können, dann werde irgendwann auch ein Passagierflugzeug so schnell sein, sagt er und lacht.

Er erzählt von den Klischees, mit denen er als Bürgerkriegsgeflüchteter vor allem in Gesprächen mit Journalistinnen und Journalisten konfrontiert werde. In dem Ort in der Nähe von Aleppo, aus dem er stamme, habe er als Schmied in einer großen Fabrik an einer Maschine gearbeitet, die Löcher in Stahl-Gussformen für Plastikbauteile fräste. Die Interviewenden fragten ihn aber jedes Mal, wie viele Pferde er pro Woche beschlagen hätte in seinem Heimatort. Manche wollten auch wissen, welcher der militärischen Kampfakteure diesen oder jenen Bombentyp abgeworfen habe.

Woher soll ich das wissen, bin ich ein General?, fragt er mich über den Gang.

Als wir mit einem Bus über das Rollfeld zur Ankunftshalle fahren, passieren wir ein Flugzeug, das nur drei Fenster auf einer Seite aufweist, auf die Größe eines Autos gestaucht wirkt. Wofür macht man sich die Mühe, für sechs Passagiere überhaupt zu starten?, fragt Aboud.

Vor dem Flughafen werden wir von Hana, einer der Organisatorinnen des Festivals, abgeholt, hier warten auf uns zwei weitere teilnehmende Autorinnen.

Mittags gehen wir vom Hotel in die Stadtmitte. Um das Hotel wechseln sich sozialistische Wohnblöcke mit pappeartig dünn wirkenden Wänden und Häuser aus der Habsburgerzeit mit rosa oder gelb getünchten Fassaden ab. Ich habe sofort das Gefühl, dies alles ganz genau zu kennen, praktisch von hier zu stammen. Es mischen sich auch Gebäude aus Glas dazu, wie sie mir aus hypermodernen Städten wie Paris, London oder New York vertraut sind. Und hoch oben über der Stadt sitzt die Burg, wie in Kafkas *Das Schloss*.

Wir essen unter den Arkaden eines lang gestreckten Gebäudes am Marktplatz, ähnlich den Kurkolonnaden in Karlovy Vary, an die ich mich aus Kindertagen erinnere, als wir von Opole in die Tschechoslowakei reisten. Ich bestelle eine Graupensuppe mit Kasseler, etwas, das gar nicht auf der Karte steht, mir erst auf die Frage nach etwas Landestypischem von der freundlichen Bedienung mit kurzem, blond gefärbtem Haar empfohlen wird.

Nachdem vier von uns am Nachmittag in ein anderes Zimmer umgezogen sind, wegen der Bohrgeräusche hinter den Wänden, lege ich mich schlafen. Später gehen wir als Gruppe durch die nächtliche, neblige Stadt zum Cankarjev dom, einem Kulturhochhaus, in dem die Lesungen und Gespräche stattfinden werden. Kennenlernen aller Beteiligten, Buffet.

Uroš ist Dichter und Teil der Redaktion der Literaturzeitschrift *IDIOT*, die uns hierher eingeladen hat. Er ist 25 Jahre alt, auffallend dünn, trägt einen langen schwarzen Mantel und spricht perfekt Deutsch. Als wir an der Bar über den westeuropäischen Nihilismus sprechen, erzählt er, dass er sein Deutsch den Kindersendungen im österreichischen Fernsehen verdanke, das man überall in Slowenien empfangen könne.

Der Raum, der im sechsten Stock liegt und nach allen Seiten einen Blick über die im Nebel ertrinkenden Lichter der Stadt freigibt, füllt sich überraschend schnell mit Menschen, die aussehen wie junge Menschen in Berlin oder New York oder Tel Aviv (vorzugsweise werden die engen

Jeans und Parkas getragen, aber ich sehe auch andere Verkörperungen unserer seltsam vogelartigen Mode).

Zur Begrüßung spricht der Leiter des Goethe-Instituts als einer der Förderer des Festivals – er spricht eigentlich vor allem über Deutschland und die Frage der Migration (Deutschland als Land der Einwanderung schon seit dem 16. Jahrhundert etc.), und ich schäme mich ein wenig über diese Selbstbezogenheit, angesichts der vielen interessierten Leute, die hier in Ljubljana leben und heute Abend gekommen sind, sich Gedanken machen über die Vorgänge in der Welt.

Dann beginnt eine Podiumsdiskussion, die leider wenig Kontroverses hervorbringt – die Rednerinnen und Redner drücken sich mit akademischer Vorsicht aus, Themen wie mediale Selbstzensur, Community versus Nationalität etc. werden abgehandelt.

Die Lesungen, die zum Abschluss des Abends folgen, irritieren mich dann doch, reißen mich aus meiner Routine. Während der gesamten Länge der Auftritte von Michelle, Ricardo und Aboud erfüllt sphärische, düster klingende Musik den Raum, die den jeweils vorgetragenen Text in einer meditativ-bedrohlichen Stimmung gewissermaßen ertränkt, ihn in eine überemotionale Sphäre hebt. Die Leute im Publikum scheint dieser Umstand jedoch überhaupt nicht in Verwunderung zu versetzen, sodass ich mich nach einer Weile frage, ob in dem Saal vielleicht ich derjenige bin, der sich merkwürdig verhält, nicht ganz der Sache eines internationalen Literaturfestivals entsprechend – ob nicht ab heute alle Lesungen mit Musik unterlegt werden sollten.

15. Januar. Vormittags Spaziergang hinauf zur Burg, allein. Habe viele Fotos für L. gemacht. Jetzt sitze ich im *Café Reformator* in der Altstadt. Überall läuft David Bowie, auch hier – die Trauer um ihn verbindet alle Menschen europaweit, egal wo man gerade ist. In gewisser Weise werden erst jetzt das letzte Jahrhundert, der Kalte Krieg und so weiter verabschiedet. Und ich habe, während die Musik läuft, den Eindruck, dass ich meine Kindheit verabschiede, die Abende im Wohnzimmer in unserer Siedlung, da ich mit einem Plastik-Bowlingkegel als Mikrofon in der Hand Bowies Lieder im Radio mitsang, in die unendliche Nacht hinein, im dunklen, einsamen, eingesperrten Teil von Europa.

Interessant war beim gestrigen Podiumsgespräch dann doch, denke ich heute, die Performance von Aboud. Er hatte in der Diskussion darauf bestanden, dass er eben kein Schriftsteller sei, sondern ein Schmied, der in Syrien bis zum Ausbruch des Krieges an einer Fräse gearbeitet habe. Als Sandra, seine Übersetzerin, begonnen hatte, seine Facebook-Einträge zu übertragen, und als schließlich Nikola, seine Verlegerin, beschloss, sie zu veröffentlichen, sei das für ihn zunächst wenig interessant gewesen. Die freudige Nachricht, dass ein Buch entstehen würde, wie Sandra ihm per Facebook mitgeteilt hatte, habe ihn völlig kaltgelassen – was Sandra, die auch auf dem Podium saß, lachend bestätigte.

Den Vertrag habe er, sagte Aboud, weil es in seinem Ort keinen Scanner gab, von einem Freund unterschreiben und an Nikola schicken lassen, der Vertrag sei also streng genommen ungültig. Nikola könne ihn auf der Stelle verklagen.

Aber mit der Veröffentlichung, erzählte er weiter, sei es ihm plötzlich möglich gewesen, nach Deutschland zu fliehen. Er sei sich vollends bewusst, dass er sich nur in Deutschland aufhalten dürfe, weil er als Schriftsteller gelte und die Leute wissen wollten, wie die Situation in Syrien sei. Weil sie nach einem Zeugen dürsteten, der für eine «echte» Erfahrung bürge und diese in Worte fassen könne.

Aber, wie gesagt, sei er gar kein Schriftsteller, sondern nur Schmied, und könne daher nicht wie die anderen auf der Bühne von Identitätskonstruktionen oder Postkolonialismus oder von globaler westlicher Politik sprechen. Er habe einfach eine Facebook-Seite erstellt und sich Dinge von der Seele geschrieben.

Seine Rede, die an den richtigen Stellen auch witzig war, erntete viel Zustimmung und Applaus. Die Art der Selbststilisierung, die er betrieb, indem er sich von jeder Selbststilisierung loszusagen vorgab, dachte ich plötzlich, enthüllte irgendwie erst das Problem: Er war im Erwartungsraum seiner Gönner gefangen, die ihm jede Wahlfreiheit nahmen. (Er schrieb zu der Zeit eine *VICE*-Kolumne, die *taz* habe auch angefragt, sagte er, er *müsse* nun Schriftsteller sein.) Ihm blieb nichts anderes übrig, als auf der Klaviatur unserer Bedürfnisse zu spielen, die wir ihm zur Rettung hingestreckt hatten. Die schönsten, für uns am ehrlichsten und authentischsten klingenden Töne kamen aber immer dann heraus, wenn er sich gegen die Klaviatur wehrte, die wir ihm vorgelegt hatten. Wenn er darauf bestand, ein ganz normaler Schmied aus Syrien zu sein, der sich die Erlebnisse von der Seele hatte schreiben müssen, als Zeugnisse des Schreckens, und nicht etwa als Ergebnisse handwerklicher Arbeit, als geplante und kunstvoll gestaltete Texte eines Schriftstellers.

Wir brauchen Zeugen des Schreckens, dachte ich, die in der Lage sind, schön darüber zu sprechen. Authentisch sind diese Zeugen aber besonders dann, wenn sie sich gegen unsere Erwartungen wehren.

Das alles wusste er, während er auf der Bühne saß. Und das alles begriffen auch wir im Publikum, da wir ja selbstkritisch sind. Wir alle fühlten uns auf der Höhe des Moments, es passierte gewissermaßen europäische Geschichte. Nicht etwa syrische.

16. Januar. Gestern nach dem Stadtspaziergang trafen wir uns zum Mittagessen in der Cafeteria des Cankarjev dom. Diskussion über den Umgang mit Information angesichts der globalen Ausspähung des Bürgers und Konsumenten. Mit am Tisch: Nikola, der Literaturredakteur Mathias sowie die Autorinnen Antina, Tibor und Robert. Mathias berichtete, er habe neulich im Auto zu seiner Freundin gesagt, er hätte große Lust auf einen Hamburger. Kurz darauf erreichte ihn eine Nachricht seines Anbieters mit der Information, dass sich in der Nähe ein McDonald's-Restaurant befinde.

Nikola erzählte, dass sie lernen musste, ihre E-Mails zu verschlüsseln, weil sie als Verlegerin Kontakt aufnehmen wollte zu den Leuten von WikiLeaks, die nur verschlüsselt kommunizierten. Sie habe sich einen eigenen Server gekauft, von der Größe eines Handballs, entwickelt von einem kleinen Start-up aus Hamburg. Die Idee dahinter sei die Abkoppelung von den Informationsspeichern der großen Unternehmen.

Unser Gastgeber Tibor, Dichter und, wie Uroš, Mitglied der *IDIOT*-Redaktion, zitierte Jaron Lanier und seinen Vorschlag, dass ein Internetbenutzer für seine Handlungen im Netz Geld bekommen sollte, weil er damit profitable Daten generiere.

Das Gespräch kulminierte in der Frage, ob es überhaupt noch ein Entkommen gab aus der Verwertungsschleife, da selbst subversive Aktionen wie das Aufdecken von Ausspähung oder die Entwicklung von technischen Lösungen zu ihrer Unterwanderung (z. B. handballgroßen Privatservern fürs Regal), sofort wieder von jemandem in Profit verwandelt würden, der ein Start-up gegründet hatte und im nächsten Schritt selbst wieder von Datenkäufen profitierte.

Am Nachmittag findet das Podiumsgespräch zwischen den in Slowenien lebenden Schriftstellerinnen und Schriftstellern aus den benachbarten postjugoslawischen Ländern zum Thema Minderheitenliteratur statt. Sehr interessant scheint mir der Gesichtspunkt der Zerstückelung der Literaturen durch die heute ihre Unterschiedlichkeit betonenden Sprachen und Regionen auf dem Balkan. Die Frage nach Identität hänge, sind sich alle Teilnehmenden einig, eng mit dem Problem der politisch gezogenen Grenzen auf dem Balkan zusammen: Sprachraum, nationaler Raum und historischer Raum überschnitten sich, Gelder flossen aber nur national. Sodass Autorinnen und Autoren, die über Nordmazedonien schrieben, aber die slowenische Sprache wählten, oder umgekehrt, sowohl in Slowenien als auch in Nordmazedonien ignoriert würden. In Deutschland, denke ich, ist indes ein umgekehrter Rassismus vorherrschend. Das Bildungsbürgertum hat einfach den

Ausländerzoo Migrationsliteratur erfunden, um das Fremde auf diese Weise einzuhegen, für die eigene moralische Identitätskonstruktion nutzbar zu machen.

Aber alles das ist ohnehin jetzt, am zweiten Tag, schon irrelevant, anstrengend, kaum von Bedeutung. Seine Zeit verbringen mit solchen Diskussionen, mit dem Nachdenken über solcherlei Dinge – es widerstrebt mir. Man sollte sich mit der Welt und mit den Problemen der Menschen beschäftigen und nicht mit den Problemen der Literaturbetriebe. Das ist eine unfruchtbare, viel zu spezifische Sache. Auch wenn ich die Energie und Unbedingtheit von Uroš und Tibor sehr schätze. Die beiden sind in Wahrheit diejenigen, die den ganzen Zirkus des Festivals mit Energie füllen.

Nach den Lesungen entscheiden wir uns kollektiv, ins «Hauptquartier» der *IDIOT* in der Altstadt weiterzuziehen, das in der Wohnung situiert ist, in der Tibor mit seinem Vater und dessen Lebensgefährten wohnt. Seit zwei Tagen ist schon vom *flotation tank* die Rede, den Tibors Vater gebaut hat und für den er extra nach Polen ans Meer gefahren sein soll, um 450 Kilo eines bestimmten Salzes zu beschaffen. Es heißt, dass Tibor darin schlafe und nach vier Stunden so ausgeruht sei wie nach acht Stunden Schlaf in einem normalen Bett.

Das Haus ist in der Altstadt unterhalb der Burg in einen Hang gebaut. Man betritt zunächst einen dunklen Gang, der ins Innere des Berges zu führen scheint, mit gewölbter Decke und unregelmäßigen Steinstufen. Der Gang knickt ab, und man steht in einem engen Innenhof, umringt von verschiedenen Anbauten und einer Balustrade, von der wiederum Treppen weiter nach oben, in andere Teile des Gebäudes führen. Man geht durch einen weiteren Gang, muss eine Holztreppe erklimmen, wobei zur Linken hinter einem Fensterbogen, dessen Kapitäle, wie Tibor behauptet, noch aus der Renaissance stammen, zwei Stockwerke tiefer ein weiterer Hof auftaucht. Wir stehen auf einer zweiten Holzbalustrade, die schon zur eigentlichen Wohnung gehört und die einen zwei Stockwerke tiefen Patio einschließt.

Eine Tür führt von hier aus ins sogenannte Hauptquartier, einen Raum mit niedrigen Decken und Holzböden, an den eine kleine Küche angeschlossen ist. Ein Sofa, ein Glastisch und ein paar Bücherregale, in denen sich *IDIOT*-Ausgaben stapeln, füllen den Raum. Aus einem Zimmer, das auf der anderen Seite abgeht, dringt der Duft von ätherischen Ölen. Dort steht, drei Holzstufen weiter unten, der Massagetisch von Martin, dem Lebensgefährten von Tibors Vater.

Wir setzen uns um den Glastisch, es werden weitere Stühle geholt, Sandra schenkt Ouzo aus und mischt ihn mit Wasser, sodass er sich milchig färbt. Nachdem der Lyriker Muanis über den Zusammenbruch der chinesischen Börse ein paar Tage zuvor gesprochen hat, nimmt Tibor uns mit in die obere Etage, wo sich die Schlafzimmer und der Wohnbereich befinden. Dort lernen wir seinen Vater kennen, der Englisch mit uns spricht, dabei eine dünne Zigarre raucht.

Tibor und sein Vater stellen sich vor einer Holzbox von der Größe eines Mini Coopers auf und öffnen die Einstiegsluke.

Er habe die Bauanleitung eines Amerikaners im Internet

gefunden. Der habe behauptet, er hätte die Kostengrenze von 1000 Dollar nicht überschritten, erklärt Tibors Vater, während er an seinem Zigarillo pafft, dessen Duft würzig zu uns herüber und unter die Decke steigt. Von innen sei der Tank vollständig abgedichtet, damit weder Licht noch Geräusche eindringen. Das Wasser werde auf die konstante Temperatur von 34,4 Grad gewärmt, was der Hauttemperatur entspreche, sodass man in dem licht- und geräuschdichten Raum das Wasser auf der Haut nicht spüre und schnell das Gefühl bekomme, im Nichts zu schweben. Im Wasser gelöst befänden sich 450 Kilogramm Salz, sodass der Körper nach oben treibe und auf der Wasseroberfläche liege. Nach einigen Minuten in der totalen Dunkelheit und ohne jedes Geräusch stelle sich in einem ein Gefühl von Schwerelosigkeit ein, denn die Muskeln hätten im Salzwasser kein Gewicht mehr zu halten, sodass sie vollständig relaxierten.

Das einzige Problem, sagt der Vater, ist der eigene Herzschlag. Den kann man plötzlich vom Hals her sehr deutlich spüren. Das könne für einige Menschen sehr unangenehm sein. Aber nach einer Weile vergesse man auch diesen und schwebe im Nichts des Weltraums.

Auf unsere Nachfrage erzählt er, dass sich unter dem Boden die Heizung für ein Wasserbett befinde, die Lüftung habe er aus einem Computer ausgebaut, diese Lüftungsmotoren arbeiteten nämlich im Normalfall vollkommen geräuschfrei. Das Holz sei zusätzlich mit einer Schicht Wärme- und Geräuschisolation verkleidet. Beim nächsten Mal würde er alles jedoch einfacher bauen, weil hier oben, so tief im Burgberg, sowieso keine Geräusche von draußen eindrängen.

Und der Innenraum müsste beim nächsten Mal wie eine Pyramide gebaut werden, ergänzt Tibor, damit das Kondenswasser ablaufen könne und nicht von oben auf einen herabtropfe.

Aufgrund der totalen Entspannung der Muskeln, sagt der Vater, genügten zwei bis drei Stunden im Inneren, und man sei vollständig wiederhergestellt. Er verstehe überhaupt nicht, warum die Menschen noch in Betten schliefen.

Der Vater ist ein kleiner, drahtiger Mann, aber in seinen Augen blitzt immer wieder ein gewisser Schalk auf, und er wirkt, wie er so vor uns steht und ab und zu an seinem Zigarillo zieht, sehr zufrieden mit sich, seinem Leben in diesem verwinkelten Haus voller Bücher und mit dem Herzstück im Innersten des Gebäudes.

18. Januar. Einige Wochen vor Weihnachten hatten die Bürgerinnen und Bürger Sloweniens bei einem Referendum gegen die rechtliche Anerkennung der gleichgeschlechtlichen Ehe gestimmt. Sowohl Uroš, der selbst homosexuell ist, als auch Tibor erwähnen das Ergebnis als Beispiel dafür, dass auch Slowenien in antitolerante Denkmuster zurückfalle, wie ganz Europa.

Bei der Abschlusslesung am Samstag in der sogenannten Mensa, einer Veranstaltungshalle auf dem seit 1993 besetzten ehemaligen Kasernengelände in der Nähe des Bahnhofs, dem Metelkova Mesto, hat sich eine eher junge und tolerant wirkende Gruppe von Leuten versammelt. Trotzdem bin ich erstaunt, dass man uns völlig unbekannten Ausländern und den nach uns auftretenden hiesigen

Dichterinnen und Dichtern über fünf Stunden lang zuhört und dabei lacht, skandiert; dass gelegentlich sich jemand spontan auf die Bühne stellt, um etwas zu proklamieren; dass Uroš und Tibor jedes vorgetragene Gedicht sofort auch in der jeweiligen Übersetzung vorlesen, damit wir unsere Gastgeber und diese uns verstehen können. Ich habe plötzlich ein Europagefühl. Obwohl ich weiß, dass es sich um ein romantisches Gefühl handelt. Aber ich bin trotzdem überzeugt, dass dieses Gefühl etwas Reales, schon jetzt Existierendes meint – weil Europa sich real vor mir abrollt, weil die Leute es gewissermaßen hier und jetzt erzeugen. Es gäbe natürlich trotzdem nichts Problematischeres als einen naiven Stolz, Europäer zu sein, denn dieser Stolz wäre nichts anderes als Nationalismus. Im Publikum ist aber so etwas wie Solidarität zu spüren, und diese richtet sich auf etwas, erzeugt eine Form von neuer Gemeinschaft.

Bei der Abschlussparty ist auch Tibors Vater unter den Leuten im Publikum, zusammen mit seinem Lebensgefährten Martin. Ich stelle mich zu ihnen und sage zu Tibors Vater, dass ich seinen Sohn sehr schätzte, der ein Romantiker sei und an gute Dinge glaubte, der eine Zeitschrift gegründet, ein Literaturfestival organisiert habe, der etwas aufbaue, was ich sehr schön fände.

Tibors Vater ist sichtlich gerührt, er sagt eine Weile nichts (der Lärm der Musik macht eine lange Pause im Gespräch möglich). Dann beugt er sich zu mir rüber und fragt, ob ich Kinder hätte. Er habe sich früher immer gewünscht, eines Tages einen Sohn oder eine Tochter zu haben, mit denen er über das Leben werde sprechen können. Er sei sehr glücklich, dass dieser Wunsch in Erfüllung gegangen sei.

Ein seltsamer emotionaler Moment, der auch mich ergreift. Später erzählt mir jemand, dass Tibors Vater als Schauspieler an einem Theater arbeite, das schon zu Titos Zeiten für seinen avantgardistischen Stil berühmt gewesen sei, als ein Hort des im Rahmen der Möglichkeiten freien Denkens. Mit siebzehn soll er Seemann gewesen sein und die westafrikanische Küste und andere Weltgegenden bereist haben.

Ich blicke mich im Raum um, sehe die Leute, die zu unserer Lesung gekommen sind. Amadej, ein Lyriker aus dem *IDIOT*-Umfeld mit adonishaften Gesichtszügen, hatte mir im Hauptquartier erzählt, dass er in einem Studierendenwohnheim wohne und nur 150 Euro im Monat zum Leben zur Verfügung habe. Glücklicherweise gebe es in Slowenien momentan noch eine Subventionierung der Studierendenverpflegung.

Ich erinnere mich, dass ich neben den Eingängen mancher Restaurants oder Imbisse ein Schild gesehen hatte, das einen Nachlass von 2,50 Euro für Studierende reklamierte.

Und Tibor hatte mir erzählt, dass im Nationaltheater, wo sein Vater angestellt ist, ein Punktesystem zum Rating der Schauspielerinnen und Schauspieler eingeführt worden sei. Die Intendantin bewerte jede Schauspielerin und jeden Schauspieler nach beispielsweise der Anzahl der Vorstellungen, in denen er oder sie gespielt habe, und nach der Anzahl der verkauften Tickets, und danach richteten sich dann die Bezahlung sowie die weitere Zukunft der Person im Ensemble. Die Intendantin sei zu dieser Vergabe der

Ratings allerdings gezwungen, denn würde sie zum Beispiel aus Protest alle Schauspieler immer mit AAA bewerten, bekäme sie Probleme mit der Geschäftsführung und verlöre wahrscheinlich selbst ihre Stelle. Interessant, oder?, sagte Tibor.

Die Party ist zu Ende. Uroš und Tibor kennen noch einen Pizza-Stand, der immer geöffnet hat. Wir ziehen zurück in die Altstadt. Mit einem Stück Pizza und einem Bier stehen wir am Fluss, der Ljubljanica, vor einem grell beleuchteten Kiosk an einem Stehtisch, über uns die über den Dächern der Altstadt thronende beleuchtete Burg.

Uroš und Tibor wissen nicht, ob sie das Festival und die Zeitschrift im nächsten Jahr noch fortsetzen können, denn selbst das Cankarjev dom, das nationale Kulturzentrum in Ljubljana, das sie bisher mit ein paar Euro unterstützt hat, muss im nächsten Jahr mit großen Kürzungen rechnen. Hana, die Mitorganisatorin des Festivals, hatte mir erzählt, dass der Betreiber des Kulturhochhauses im Monat fünfzigtausend Euro allein für Strom ausgebe. Dem Festival, zu dem wir hier eingeladen waren, steht im Vergleich dazu ein Budget von insgesamt siebentausend Euro zur Verfügung.

Nächstes Jahr will *IDIOT*, so es überhaupt noch finanzielle Mittel geben werde, sagt Tibor, eine Kooperation mit dem spanischsprachigen Raum eingehen. Wenn es sein müsse, erklärt er dann und Uroš nickt bestätigend, werde er die Zeitschrift und das Festival ganz aufgeben, denn momentan lebe er von zweihundert Euro im Monat. Er könne auch jederzeit aus Slowenien weggehen.

Den Sonntag und das Warten auf den Flug am Nachmittag verbringen wir mit Spaziergängen durch die Stadt. Mathias und ich fahren noch einmal hoch zur Burg, steigen zu Fuß zurück in die Altstadt, flanieren noch etwas am Fluss entlang. Zuletzt gehen wir zusammen mit Daniela in ein Café, von dem Mathias behauptet, es verkaufe die besten Krapfen, die er je in seinem Leben gegessen hat. In den letzten drei Tagen sei er in dieser Krapfenbäckerei zwei Mal täglich gewesen. Ich wünschte, es gäbe diese Krapfen auch in Leipzig, sagt er.

Wir bestellen je einen Krapfen. Sie schmecken sehr gut, was mich irgendwie sehr für ihn und die Stadt freut, und auch für mich selbst, denn es ist die letzte Sache, die wir hier in Ljubljana unternehmen, bevor wir zum Hotel zurückgehen, wo das Taxi uns abholen und zum Flughafen bringen wird.

Kurz darauf stehen wir mit unseren Koffern auf dem Gehsteig und müssen uns von Uroš und Tibor verabschieden. Der Abschied ist pathetisch, aber das Pathos ist seltsam echt – und ich verstehe in diesem Augenblick, als wir alle zusammen vor dem Hotel stehen, dass es Uroš und Tibor sind, die dieses Pathos für mich möglich machen. Weil ich sie mag. Das Pathos kommt, so stelle ich fest, aus mir, das Gefühl für die beiden ist real.

Warszawa (2016)

9. Juni. Ich habe beschlossen, ein verlängertes Wochenende in Warschau zu verbringen.

In Polen zeigt sich, so in letzter Zeit eine meiner Überlegungen, eine Zuspitzung unterschiedlicher Denkweisen, wie sie heute in ganz Europa immer sichtbarer wird, so deutlich wie in keinem anderen europäischen Land. Man kann beobachten, wie in Polen zwei radikalisierte Weltanschauungen aufeinandertreffen, die sich auf historisch konkrete ökonomische und politische Gegebenheiten stützen, also in gewisser Weise Produkte der neuesten Geschichte sind.

Man könnte sagen, in Polen treten das Beste und das Schlechteste, das Europa im Denken und in politischer Praxis hervorgebracht hat, heute besonders deutlich zutage. Zwischen diesen zwei Polen öffnet sich ein Abgrund, aber es schimmert für mich in diesem Dazwischen auch so etwas wie die Möglichkeit einer neuen europäischen Idee auf.

Die Erfahrungen des 19. und 20. Jahrhunderts – die polnischen Teilungen und die Fremdherrschaft und Unterdrückung durch das zaristische Russland, Preußen und das Habsburger Imperium, später durch Nazideutschland und die Sowjetunion – haben in Polen ein Denken hervorgebracht, das in den 1980er-Jahren in seinen besten Momenten das Potenzial einer sozialen Utopie barg, wie sie sich in den Streiks des Gewerkschaftsbunds Solidarność, getragen durch große Teile der Bevölkerung, schließlich gegen den kommunistischen totalitären Staat durchsetzte und für einen kurzen Moment in der Geschichte Realität zu werden versprach. Mir scheint, in den mitteleuropäischen Ländern, die sich unter dem Einfluss der Sowjetunion befunden haben, durchschaute man, aufbauend auf den Überlegungen der Intellektuellen der 1960er-, 1970er- oder 1980er-Jahre, wie etwa des Marxisten und Religionsphilosophen Leszek Kołakowski oder der tschechoslowakischen Intellektuellen von der Charta 77 wie Václav Havel, einerseits leichter die Illusion, in der kapitalismusgläubige Bewohnerinnen und Bewohner des «westlichen» Einflussbereichs lebten, in deren Alltag, der frei war von totalitärer Unterdrückung, der materielle Wohlstand als wichtigster Wert zum zentralen Aspekt des Lebens wurde. Aufbauend auf der Erfahrung der totalitären Praktiken des kommunistischen Staates durchschauten sie andererseits auch die ideologische Überzeugung vom angeblich moralisch überlegenen «Sozialismus» oder Kommunismus, die von der Linken auf der westlichen Seite des Eisernen Vorhangs lange verteidigt wurde.

Mit dem Sieg des kapitalistischen Lebensmodells in seiner neoliberalen Ausprägung wurde allerdings der eigentliche lebendige Kern der sozialen Utopie der 1980er-Jahre, in deren Zentrum gesellschaftliche Solidarität gestanden hatte, verschüttet. Die Populisten der polnischen Regierungspartei PiS verstehen heute leider zu gut, dass viele Menschen seit der «Transformation» immer wieder nur mit Füßen getreten worden sind. Sie haben begriffen, dass die Folgen der Krisen, die von den ökonomischen und politischen Eliten in den letzten Jahren im neoliberalen Geiste verursacht oder zumindest geduldet und entschuldigt wurden, von den weniger Wohlhabenden und Abgehängten getragen werden. Die PiS profitiert davon, dass in Europa heute nicht etwa der soziale Gedanke die Politik bestimmt, sondern der ungebremste Kapitalismus.

Die Lösung der Demagogen der PiS-Partei ist neben einem breit angelegten Sozialprogramm die Rückbesinnung auf polnische Heldenmythen von säbeltragenden Woiwoden, auf verklärte katholische Werte, auf nationale Isolation und Fremdenfeindlichkeit, und damit letztlich auf eine totale Ignoranz gegenüber der heutigen globalen Situation.

Aber doch existiert in Polen, wie auch in den anderen mitteleuropäischen Nationen, so denke ich, nach wie vor die gegenläufige Denktradition. Stellen sich heute nicht auch wieder polnische, bulgarische, slowenische oder rumänische Intellektuelle genauso wie die Intellektuellen in Frankreich oder Deutschland die Frage nach der Möglichkeit eines gerechten Europas? Wie könnte eine Gesellschaft aussehen, die nicht nur auf Kapitalismus und Individualismus aufbaut, auf das Primat privaten Wohlstands und privater Sicherheit, und die trotzdem ökonomisch prosperierend und vor allem weltoffen bleibt? Was kann der Mensch sein, ohne die Illusionen, die ihm durch die Kirche oder die verschiedenen Formen eines pervertierten Rationalismus (Nazismus, Kommunismus) angeboten wurden, ohne die Unterdrückung durch ein ideologisches Weltbild?

Diese Fragen sind für Europa und die Welt auch heute wieder zentral. In Polen haben sie eine neue politische Situation geschaffen, einen Bruch ausgelöst, der mitten durch Familien geht, der die Gesellschaft spaltet. Im restlichen Europa werden sie in den nächsten Jahren vermutlich ebenso starke Scherkräfte entfalten.

10. Juni. Im Zug belausche ich zwei ältere Paare in einem Viererabteil. Es geht um die Frage, wie man heute kommuniziere. Einer der Männer sagt, er schreibe gerne Briefe, das verleihe dem Geschriebenen und dem Zwischenmenschlichen einen besonderen Wert, den es doch auch habe. Die drei anderen nicken. Die Dame gegenüber konstatiert, dass die Jungen heutzutage nur noch SMS schrieben, zum Beispiel: «Bin angekommen.» Nicht einmal mehr das, sagt der Mann neben ihr. «B a», so funktioniere das heute. Das Quartett lacht.

Mich überrascht dieser Atavismus. Ich weiß sehr wohl, dass ich als Schriftsteller von den romantisch-verklärenden Vorstellungen einiger heute 60- bis 80-Jähriger lebe, denn natürlich kaufen sie die meisten Bücher. Und trotzdem wundere ich mich plötzlich. Handelt es sich nicht um einen traurigen Reflex? Um eine Art von bildungsbürgerlicher Rückwärtsgewandtheit? Wir leben, so denke ich, während vor dem Fenster die flache Landschaft hinter Rzepin vorbeizieht, im 21. Jahrhundert. Wie kann sich eine privilegierte, medial-analphabetische Schicht anmaßen, anzunehmen, die Jungen seien in irgendeiner Weise defizitär?

Mit solcherlei Gedanken fahre ich in Warszawa Centralna ein, trete auf den Bahnhofsvorplatz hinaus, über mir der Turm des Kulturpalasts und die neuen Wolkenkratzer aus Glas.

In der Straßenbahn zu meiner Airbnb-Wohnung sitzen im Vierersitz neben mir zwei Frauen. Ich entdecke auf dem Rucksack derjenigen am Fenster einen Aufnäher, auf dem «KOD» steht, die Abkürzung für «Komitee zum Schutz der Demokratie», einer kurz nach den Wahlen 2015 gegründeten Organisation, die seit einem Jahr Demos organisiert und auf den Straßen der Städte Flyer verteilt.

Am nächsten Tag sitze ich vor dem Café am Kino Iluzjon in Alt-Mokotów. In einem Buchladen habe ich mir ein paar Bücher gekauft. Zu Mittag aß ich in einer veganen Bar in Żoliborz, zwischen polnisch, englisch und französisch sprechenden Leuten.

Im Park vor dem Café-Außenbereich verfolgen sich zwei Kinder auf Tretrollern um eine Steintreppe. Zwei Väter plaudern mit Kaffeebechern in der Hand auf einer Bank. Einer ruft einem der Kinder zu, es solle, wenn es das Spiel gewinnen wolle, noch etwas schneller treten.

Nowosibirsk (2016)

Einladung. Das Goethe-Institut hat mich für einen Monat nach Nowosibirsk eingeladen. Im Rahmen eines Residenzprogramms wird eine Wohnung bezahlt, in der ich wohnen und arbeiten kann. Ich muss nur einmal wöchentlich einen Blogbeitrag über meine Erfahrungen verfassen. Ich war noch nie in Russland. Ich habe schnell zugesagt.

Zwischenwelt. Am Moskauer Flughafen will mich niemand verhören oder verhaften. Alles sieht aus und funktioniert wie in Zürich, Paris, New York oder Berlin. Geschäfte mit Parfüm, Spirituosen und Schokolade, alles ist auf Russisch und auf Englisch angeschrieben. Der einzige Unterschied zu anderen Ländern: die Ansagen aus den Lautsprechern und ihre Frequenz. Ohne Pause werden Hinweise durchgegeben, als wollte man den Reisenden keine Sekunde ohne Information zumuten.

Planung. Es ist Mitte September. Alina (ich gebe ihr diesen Namen) stammt aus der Nachbarstadt Tomsk und wird meinen Aufenthalt hier koordinieren. Zum Mittagessen hat sie mich in ein traditionelles sibirisches Restaurant eingeladen, in dem ich Borschtsch und ein Stück Schweinefleisch mit Gemüse bestelle. Danach wird mir Sofia, meine persönliche Assistentin, vorgestellt. Sie soll mir hier vor Ort bei allen alltäglichen Problemen zur Seite stehen, was mir etwas unangenehm ist.

Wir spazierten zu zweit durchs Zentrum, ich hob Geld ab, wir unterhielten uns auf Deutsch über die deutschen Städte, in denen sie schon gewesen war, und über Literatur.

Alina hat ein Curriculum für meinen Aufenthalt entworfen, mit verschiedenen Treffen, Veranstaltungen und Freizeitangeboten. Vorgesehen sind, unter anderem, ein Opernbesuch und ein polnischer Liederabend der polnischstämmigen Minderheit, ein Zoobesuch und die Besichtigung einiger Kunstmuseen. Es scheint keine Lücke in diesem Plan zu existieren. In den Spalten für zwei aufeinanderfolgende Tage gegen Ende meines Aufenthalts entdecke ich dann doch noch zwei Mal den gleichen Eintrag in roter Farbe (die vielleicht Gefahr signalisieren soll): *Tag zur freien Verfügung.*

Alina und ich waren den Plan gestern beim Mittagessen Tag für Tag durchgegangen. Und heute, in der Besprechung mit der Leiterin des Goethe-Instituts, wieder, Schritt für Schritt, in allen Einzelheiten.

Ich hoffe, das ist nicht zu viel, sagte Alina. Du kannst jederzeit auch etwas absagen.

Erste Nacht. Um sechs Uhr am Morgen wachte ich aus einem Traum auf. Ich sollte bei der Lesereihe Kabeljau &

Dorsch lesen, im Alten Roten Löwen Rein in Neukölln. Der Raum war voll, ich hatte verschlafen und kam zu spät. Dann rief man mich auf, aber lange hörte ich nicht, wie jemand immer wieder meinen Namen ins Mikrofon sprach. Dann saß ich auf der Bühne und stellte beim Blick in die Gesichter der Zuhörenden fest, dass mein Text langweilig war.

Vor meinem Fenster liegt Nebel über den Dächern der Stadt, das Licht schafft es nicht ganz in die zwei Zimmer meiner Wohnung. Es ist nicht abzusehen, ob ich in die Arbeit hineinfinden werde, ich bin viel zu müde, die Gegenstände um mich scheinen immer ein paar Zentimeter zu weit von mir entfernt, sodass sich immer noch ein Stück Gedankenleere zwischen mich und eine Handlung schieben kann.

Meine Unterkunft hier besteht aus einem Wohnzimmer und einem Schlafzimmer. Sie befindet sich im neunten Stock eines Plattenbaus etwas außerhalb des Zentrums. Die Gänge, die man betritt, wenn man den Aufzug verlässt, erinnern mich sofort an die Blöcke meiner Kindheit in unserer Siedlung am Stadtrand von Opole, an die Flure und Treppenschächte, in denen wir Kinder der Siedlung an Regentagen Fangen oder Krieg spielten. Zwanzig Wohnungstüren gehen vom Gang in meinem Stockwerk ab. Man schließt die Tür auf und steht in einem Flur mit Garderobe. Die Wohnung verfügt über ein Badezimmer mit Badewanne und über eine voll ausgestattete Küchenzeile, die sich zum Wohnzimmer hin öffnet, abgetrennt nur durch einen Hochtisch, an dem zwei Barhocker mit Metalllehnen stehen. Ich kann diesen Luxus kaum fassen. Im Wohnzimmer steht sogar ein Sofa.

Geburtstag. Mir ist die Feierlichkeit, mit der Alina und Natascha, eine weitere Goethe-Institutsmitarbeiterin, gestern mit mir umgingen und von der ich vorerst denke, dass sie vielleicht zum Umgang der Menschen hier gehört, als eine andere und in Europa nicht bekannte Art von Pathos, sehr sympathisch gewesen. Sie hat mich irgendwie berührt. Ich sollte mich um 18 Uhr 15 vor der Oper am Leninplatz einfinden. Dort tauchten beide vollständig geschminkt auf, Natascha in roten High Heels. Alina überreichte mir, während sie feierlich verkündete, dass sie mich an diesem Tag nicht alleine lassen wollten, ein Notizbuch mit der Gravur der Stadtplan-Konturen von Nowosibirsk auf dem Einband, Tee aus sibirischen Steppenkräutern und eine Marmelade aus Fichtenzapfen. In der Bar sprachen wir darüber, wie ich in Berlin meine Geburtstage feierte und wo in Europa sie schon gewesen seien.

Dann kam das Gespräch auf das Thema Krim, bei dem Natascha plötzlich vehement wurde. Neunzig Prozent der Menschen auf der Krim hätten für den Anschluss an Russland gestimmt. Sie verstehe nicht, warum die Europäer diesen Anschluss noch immer als Problem ansähen. Außerdem sei die Krim ein Geschenk Chruschtschows an die Ukraine gewesen, sie gehöre also Russland.

Diese Logik traf mich ganz unvorbereitet, durch Natascha schien mir ein Kollektiv zu sprechen, von dem ich für einen Moment ein vages Gefühl bekam und angesichts dessen mir mein Argument von der Verletzung des Völkerrechts ganz schwächlich und zu einer anderen, vollkommen unabhängigen Sphäre gehörend vorkam.

Ich führte es trotzdem an, ich stellte auch die Frage, ob die von ihr erwähnte Abstimmung unter den Bewohnenden der Krim tatsächlich nach demokratischen Standards erfolgt sei, worauf Natascha aber antwortete, dass die Krim zu Russland gehöre, seit Katharina die Große sie von den Krimtataren erobert habe. Ihr Fazit lautete, dass wir drei hier am Tisch dieses Problem ohnehin nicht lösen würden.

Sie hatte recht, was mich ärgerte, wobei ein solcher Ärger, dachte ich, natürlich nicht produktiv umgesetzt werden konnte und in einer politischen Diskussion nirgendwo hinführte. Immerhin minderte er nicht, wie ich feststellte, meine Sympathie für Natascha, auch wenn es mich im Nachhinein erschreckte, dass eine politische Frage, bei der reale Leben auf dem Spiel stehen, zu meiner Sympathie ihr gegenüber als einer jungen Frau, die ein normales Leben mit allen dazugehörenden konkreten menschlichen Problemen führt, wie ein Vektor in einem rechten Winkel steht – beide berühren sich zwar in einem Punkt, haben aber scheinbar nichts miteinander zu tun. Sie ragen in voneinander unabhängige Ebenen und spannen den Raum erst überhaupt auf.

Valentin. Gestern durfte ich an einer Führung durch Nowosibirsk mit Valentin teilnehmen (ich gebe ihm hier diesen Namen), der hier für eine Stiftung arbeitet und Deutsch spricht. Wir marschierten vier Stunden lang durch die Stadt und besichtigten Gebäude, die für die Geschichte der Stadt wichtig sind. Valentin war dabei bewundernswert euphorisch und voller Elan, während ich mich schon bald von Fuß- und Rückenschmerzen auf einer Mauer ausruhen oder in ein Café einkehren wollte.

Nowosibirsk, erklärte er, sei seit seiner Gründung 1893

eine Enklave der Freiheit gewesen. Auch aufgrund der geografischen Lage: so weit weg von der Zentralregierung des Zaren in Sankt Petersburg (nach Moskau braucht man von hier mit der Transsibirischen Eisenbahn dreieinhalb Tage). Ingenieure und Unternehmer hatten die Planstadt herrschaftlich angelegt, was die Breite des Krasnij Prospekts, eines der Hauptboulevards, noch heute zeigt. Später wurde die Stadt zum Zentrum der Sowjetregierung für ganz Sibirien, wovon einige konstruktivistische Prunkbauten in der Innenstadt zeugen. Während des Zweiten Weltkriegs wurde die russische Industrie hinter den Ural und zu großen Teilen nach Nowosibirsk verlegt, und in den 1970er-Jahren schließlich etablierte sich die Stadt als Zentrum der technischen Wissenschaften.

Die Entfernung von Moskau habe bis vor Kurzem noch eine Sonderstellung Nowosibirsks im Land ermöglicht. Bei den Wahlen von 2012 gewann die Oppositionspartei, auch der heutige Bürgermeister ist ein Oppositioneller. Letztes Jahr noch, sagte Valentin, wurde hier während der «Ukrainekrise» das Denkmal des ukrainischen Dichters Taras Schewtschenko aufgestellt. Das alles habe allerdings zu einer erhöhten Aufmerksamkeit seitens Moskaus geführt und zu wachsendem politischem Druck.

Als Beispiel führte Valentin den sogenannten Tannhäuser-Fall an. Ein Regisseur hatte einige Monate zuvor die Wagner-Oper inszeniert und darin eine nackte Frau an einem Kreuz gezeigt. Die orthodoxe Kirchengemeinde von Nowosibirsk zeigte sich empört, Menschen demonstrierten vor dem Operngebäude auf dem Lenin-Platz gegen die Aufführung des Stücks. Der Intendant der Oper wurde schließlich auf Druck aus Moskau entlassen. Der neue

Intendant setzte das Stück ab, trotz der Proteste anderer Stadtbewohner.

Putin stilisiere sich seit einiger Zeit gern zum Verteidiger christlicher Werte, sagte Valentin.

Er sorgte sich über die einseitige Berichterstattung in Russland und in Deutschland über das jeweils andere Land. Die Konzentration auf Horrornachrichten im Zusammenhang mit den Migrantinnen und Migranten aus Syrien etwa sei hier politisch erwünscht. Die russische Regierung versuche, gesellschaftliche Entwicklungen in Europa – Liberalisierung oder Minderheitenschutz – zu diskreditieren. Deutschland fungiere zwar in Fragen der Infrastruktur, Technologie und Ökonomie als Vorbild, andere Entwicklungen aber würden den Menschen in Russland als Schreckbilder vorgehalten. Der Fall des Rubels nach den europäischen Sanktionen verhindere für viele Russinnen und Russen eine Reise nach Europa, sodass sich niemand im privaten Kontakt von der echten Situation in Deutschland überzeugen könne.

Umgekehrt werde in Europa auch nur eine bestimmte Art von Nachrichten über Ereignisse in der russischen Gesellschaft publik. Die Enthüllung des Denkmals für Taras Schewtschenko in Nowosibirsk etwa oder die Tatsache, dass sich viele Menschen gegen die Stilisierung Stalins zum Nationalhelden wehrten, könnte ein differenzierteres Bild malen – der Dialog gerade zwischen den Menschen beider Kulturkreise, die ein offeneres Denken an den Tag legten, könnte einer Verhärtung der Fronten entgegenwirken. Aber diese produktive Haltung widerspräche auch der Existenzgrundlage der Medien als ökonomischen Einheiten, denn es verkaufe sich heute nur größtmögliche Empörung.

Interessant ist, wie ich während der Führung feststellen konnte, auch die Tatsache, dass das Ansehen Lenins hier kaum angekratzt ist, wie die Massenverbrechen der Bolschewiki im Allgemeinen. Viele Straßen in Nowosibirsk wurden in der «wilden Zeit» nach 1993 umbenannt, und das Erbe der Sowjetzeit wurde aus dem Straßenbild getilgt. Nicht aber die Lenin-Straße oder die Urizki-Straße, benannt nach dem Leiter der Petrograder Tscheka 1917/18, der Hunderte Tötungsbefehle unterschrieben hat.

Die Zeit Lenins und der Bolschewiki werde als Zeit der Modernisierung der Gesellschaft erinnert, sagte Valentin.

Er gab noch eine weitere Beobachtung preis: Er sagte, im Zusammenhang mit den «Stalin-Bussen», die, von Privatpersonen mit dem Konterfei von Stalin geschmückt, am Jahrestag des Sieges über Nazideutschland durch die Straßen der russischen Städte fahren, dass in Deutschland die Zivilgesellschaft bis vor Kurzem eher positiv konnotiert gewesen sei, als produktive Fortsetzung der 1968er-Bewegung und der Protestbewegungen der 1970er- und 1980er-Jahre (Anti-Atomkraft- und Friedensbewegung, Antifa etc.). Mit Pegida und dem sogenannten Wutbürger ändere sich das nun. In Russland gebe es schon lange eine nationalkonservative Lobby; in letzter Zeit aber hätte auch hier der Einfluss von Ultranationalisten und orthodoxer Kirche, siehe Tannhäuser-Fall, zugenommen. In Europa sei das nun allmählich auch der Fall.

Ich dachte, während er das alles sagte, dass nun wirklich endgültig eine neue Epoche angebrochen war in der Welt. Die zeitliche Entfernung zu den Erfahrungen der Nazizeit und des sozialistischen Totalitarismus war offenbar inzwischen groß genug. Außerdem haben die sozialen Medien eine Monadisierung begünstigt. In Polen gehen die Konflikte schon durch die Familien, zerbrechen Freundschaften. Ich fürchte, es wird eine weitere Radikalisierung geben.

Vor meinem Fenster. Überall Wolkenkratzer aus Glas, überall Baustellen. Aus meinem Fenster schaue ich aber hinunter auf ein einstöckiges dunkelbraunes Holzhaus mit Schnitzereien in den weiß gestrichenen Fensterbögen. Es stammt aus einer Zeit, als die Leute hier am Fluss Ob und an seinen Nebenflüssen ihre Häuser ohne Genehmigung der weit entfernten Zarenadministration bauten. Direkt dahinter steht ein zweistöckiges türkises Steingebäude mit hohen Fenstern und weißen Kapitälen aus der Zeit nach dem Bau der Eisenbahnbrücke über den Ob und der Gründung der Stadt 1893. Es könnte sich um eines der Schulhäuser handeln, für deren Bau die Stadtväter von Nikolaj II. Kredite bekamen. Etwas weiter hinten, ungefähr auf Höhe des mehrspurigen Krasnij Prospekts im Zentrum, kann ich ein graues Gebäude im konstruktivistischen Stil erkennen, der auch als «russisches Bauhaus» bezeichnet wird. Es muss aus der Zeit nach der Oktoberrevolution stammen, als Nowonikolajewsk, wie die Stadt damals noch hieß, von den Bolschewiki zum Regierungssitz für ganz Sibirien gemacht wurde, weil es als wichtiger Knotenpunkt an der Transsib-Strecke optimal lag für die Verbreitung von Flugblättern und Truppen. Zur Rechten stößt an das türkise Schulhaus schließlich ein grauer Plattenblock, der als Chruschtschowka bezeichnet wird. Nach der stalinistischen Epoche ließ Nikita Chruschtschow in den 1960er-

Jahren im ganzen Land einheitliche moderne Wohneinheiten für Familien bauen.

Er erinnere sich noch, sagte Valentin, wie er als Kind in den 1980er-Jahren in der Bibliothek im Parterre eines solchen Blocks gesessen und *Tom Sawyer und Huckleberry Finn* oder *Mickey-Mouse*-Comics gelesen habe. Es sei sehr kalt gewesen. Die Bauweise mit den großen Fenstern im Parterre und den dünnen Plattenwänden mag für Regionen am Schwarzen Meer geeignet sein, aber für Sibirien?

In der Chruschtschowka neben dem Schulgebäude unter meinem Fenster befindet sich, wie ich auf der Rückkehr vom siedlungseigenen Supermarkt feststelle, im Parterre ebenfalls eine Bibliothek, mit einem Bücherregal vor dem Eingang, in dem Leute aus der Nachbarschaft Bücher tauschen können. Sie trägt den Namen Nadeschda Krupskajas, der Politikerin, Pädagogin und Ehefrau Lenins.

Vor dem Holzhaus unter meinem Fenster sitzt auf dem Rasen, jeden Tag, wenn ich aus dem Haus gehe, eine alte Frau mit Kopftuch zwischen den Wolkenkratzern auf einem umgedrehten Plastikeimer und beobachtet den Verkehr. Sie sitzt dort noch, wenn ich am Nachmittag zurückkomme.

Die Zukunft. Gestern war ich mittags joggen im Zentralpark, zwischen verschiedenen Jahrmarktbuden und Karussells, auf denen ich aber insgesamt nur zwei Kinder gesehen habe. Später kamen Natascha und Kirill, der Fahrer des Goethe-Instituts, in meine Wohnung und brachten mir einen Drucker. Danach ging ich wieder raus und über eine stark befahrene Brücke über ein heute stark bebautes Nebenflusstal des Ob zum Regionalparlament, um dort das Denkmal für Taras Schewtschenko zu besichtigen, aber ich fand das Denkmal nicht. Um mich erhoben sich überall Wolkenkratzer aus Glas, die undeutlich und verzerrt die Wolkenkratzer in ihrer Umgebung spiegelten, aber auch zahlreiche gerade entstehende Wolkenkratzer, die vorerst nur als Skelette im Vordergrund oder in der Tiefe des Tals oder auf dem Hügel standen. Kräne und Baustellen auch dort unten, auf sandigem Boden.

Sofia. Ich fragte Sofia, wie viele Parteien am Sonntag zur Wahl antreten würden, denn ich hätte hier immer nur Werbeplakate für Jedinaja Rossija, «Einiges Russland», gesehen und ein einziges für die Kommunistische Partei.

Sie zählte noch eine grüne Partei auf und eine, die übersetzt «Apfel» heiße, von der sie aber wenig wisse. Überhaupt interessiere sie sich, sagte sie, wenig für Politik, vermutlich werde ohnehin die Putin-Partei Jedinaja Rossija gewinnen. Sie lese keine Nachrichten, weil darin immer nur schlimme Dinge aus der Welt zu erfahren seien.

Wir hatten uns wieder am Operngebäude auf dem Leninplatz getroffen und gingen in eine Bar mit roten Ziegelwänden und hohen Decken, die mich an eine Bar in Brooklyn erinnerte oder an die dort beliebten Fabriklofts. Wir tranken Craftbeer, das vor Ort gebraut wurde. Es gab acht Sorten, unter anderem Lager, IPA und Rauchbier. Wir unterhielten uns über *True Detective*, *Harry Potter*, *Game of Thrones*, *Hannibal*, die Bücher der Strugatzki-Brüder, und sie empfahl mir Ulizkaja und Rudinova.

Mir fiel an ihrem Handgelenk ein Silberarmband mit

vielen kleinen Anhängern auf. Einer hatte die Form einer Brezel, er erinnere sie an ihre Praktikumszeit bei Landshut, sagte sie. Ein anderer zeigte das Brandenburger Tor, sie habe ihn sich in Berlin gekauft.

Mich berührte die Art, wie sie jeden einzelnen der kleinen Silbergegenstände zwischen die Finger nahm, als wären sie sehr kostbar, und mir die dazugehörige Geschichte erzählte.

Dann erzählte sie von einem Theaterstück, das sie schon zwei Mal gesehen habe. Ein Dialog zwischen zwei Dichtern, deren Namen ich leider gleich wieder vergaß, die sich zu Lebzeiten nie kennengelernt hatten. Im Rahmen des Stücks, das auf den lyrischen Texten der zwei Dichter basierte, sprächen nun ihre Gedichte miteinander.

Ich wohne, wie mir nach der Rückkehr in die Wohnung bewusst wird, in einem Viertel, in dem die Straßen nach Literaten wie Gorki oder Dostojewski benannt sind. Um die Ecke stehen eine orthodoxe Kirche mit byzantinischem Kuppeldach, eine polnisch-katholische Kirche aus den 1990er-Jahren und eine Synagoge, halb aus verspiegeltem Glas, aus dem Jahr 2012.

Der Fremde. Die Sprache trennt mich hier von allen Menschen.

In der Toilette einer Bar wartete ich vorgestern mit einem Mann meines Alters darauf, dass die einzige Kabine frei würde. Beide verdrehten wir die Augen, lachten, aber dann musste ich wegschauen, obwohl hier etwas Witziges zu sagen möglich gewesen wäre.

Eine Frau wollte durch die gleiche Tür der Unterführung

mit den Kiosks unter dem Krasnij Prospekt wie ich. Wir traten beide vor, wieder zurück, mehrere Male. Sie lachte und sagte etwas auf Russisch, ich entschied mich für ein Lächeln und eine Geste des Vortrittlassens, erwiderte aber nichts.

Heute trat ich aus der Wohnung, als im Gang ein älterer Mann stand und mich grüßte. Mir fiel auf die Schnelle nicht einmal das Wort Sdrasdwuitje ein, das russische Wort für Guten Tag.

Ich gehe herum, mit Sonnenbrille, sitze in einem Café oder auf einer Parkbank. Ich gehe zwischen den Gebäuden umher, senke den Blick, wenn mir jemand entgegenkommt. Um mich findet ein vollkommen normales Leben statt, wie in jeder anderen Großstadt der Welt. Zwei gehen an mir vorbei und lachen über etwas. Eine Dame in Hosenanzug und mit Handtasche marschiert eine Weile neben mir her, vorgebeugt, als hätte sie starken Gegenwind. Drei Mädchen stehen um eine Parkbank und fotografieren sich gegenseitig beim Posieren nach Art von bekannten Models oder Schauspielerinnen und lachen dabei und sprechen ununterbrochen aufeinander ein. Jemand hält mit dem Auto neben mir am Straßenrand und telefoniert. Zu mir aber sprechen nur die Gebäude, denn von ihnen geht für den Fremden keine Gefahr aus. Ich stelle mir ihre Geschichte vor, verweile in meinen Gedanken. Und das, obwohl ich mit meinem Polnisch sogar einiges von dem hier Gesprochenen verstehe.

Die Deutschen werden in den slawischen Sprachen Niemcy genannt, die Stummen. Ich stehe wieder einmal dazwischen. Ich verstehe, kann aber nichts sagen. (Die Zunge steckt mir dumm im Mund.)

Unterwelt. Irina!, ruft eine der Damen im unterirdischen Durchgang unter der Kreuzung am Krasnij Prospekt und schlurft von ihrem Kiosk, in dem Damenunterwäsche ausliegt, zu ihrer Nachbarin schräg gegenüber, die in der Tür ihres Glaskastens steht und die vorbeidrängenden Passanten beobachtet. Vor einem Laden, in dem Kleider und Hemden bis unter die Decke hängen, hat sich eine Gruppe von Verkäuferinnen versammelt und plaudert, während eine Tupperdose mit Weintrauben herumgereicht wird. Die Verkäuferinnen hier unter der Erde tragen Hausschuhe.

In dem engen Gang gibt es auch Geschäfte, die Backwaren verkaufen, und den Kaffeekiosk *White Rabbit* mit einer raumschiffartigen Espressomaschine. Vor einem Kiosk mit Schminkutensilien lässt sich eine Frau an einem Tischchen von einer Verkäuferin die Fingernägel lackieren. Die Leute gehen im Gänsemarsch an den Auslagen vorbei, sie haben gerade Mittagspause oder müssen zu einem Termin, und der Durchgang unter der Erde ist die einzige Möglichkeit, die mehrspurige Kreuzung zu überqueren. Er verzweigt sich auf beiden Seiten, und wenn man nicht aufpasst, kommt man auf der falschen Seite oben heraus und muss wieder hinunter und sich wieder in die Menge reihen und versuchen, zur gegenüberliegenden Abzweigung zu kommen.

Bis 24 Uhr ist der Durchgang geöffnet, ich habe noch nicht herausgefunden, wie man danach die Kreuzung überqueren soll. Abends sind die Gänge leer, nur an ihren Verzweigungspunkten sitzt jeweils ein Wachmann auf einem Plastikstuhl und tippt auf seinem Telefon herum oder gießt sich Tee aus einer Thermoskanne in einen Becher. Manchmal gehe ich dann ganz allein an den schlafenden Schaufenstern vorbei und kann bis ans Ende des von Leuchtröhren beleuchteten Gangs schauen. Über mir rauscht die Straße. Oder aber es ist so still, dass ich nur die eigenen Schritte in den Gängen höre. Dann komme ich auf der anderen Seite die Treppe hoch, und zu mir dringt die Musik aus dem Park, ein Paar geht lachend vorbei, an der Ampel fahren die Autos wieder an, und ich gehe das letzte Stück nach Hause zurück, zu meiner Wohnung.

Der Intellektuelle. Bei dem gestrigen Podiumsgespräch auf dem Festival Nowaja Kniga, Neues Buch, fragte mich der Literaturkritiker Konstantin Miltschin aus Moskau irgendwann, ob ich Pole oder Deutscher sei, als was ich mich fühlte. Er ließ nicht locker. Man schreibe in einer bestimmten Sprache, man stehe in einer Tradition, man besitze einen kulturellen Hintergrund – es sei doch eine europäische Illusion, dass sich diese Grenzen auflösen ließen, man müsse doch wissen, zu wem man gehöre.

Ich fühlte mich, wie immer, naiv, als ich vom Allgemeinmenschlichen zu sprechen begann, von Kants Schrift «Vom ewigen Frieden» und von seinem moralischen Imperativ, von universalen menschlichen Werten.

Ich spürte Ärger in mir aufsteigen. Miltschins Argumente sind die gleichen wie die der neuen Rechten in Europa, der sogenannten Identitären, die von genau definierten und unvereinbaren kulturellen Identitäten der «Völker» ausgehen: Ich habe nichts gegen Ausländer, solange sie bei sich zu Hause bleiben und nicht unsere Frauen vergewaltigen, denn unsere Kultur vergewaltigt keine Frauen, das tun nur andere Kulturen – darum fordere ich eine strikte Trennung der Kulturen!

Wie genau sieht die Welt in dieser Wunschvorstellung in fünfzig Jahren aus? In Deutschland nur Deutsche? In Russland nur Russen? In Polen nur Polen? Endlich wird es dann keine Vergewaltigungen mehr geben und kein Verbrechen.

Sonntag. Es ist Sonntag, im Zentralpark scheint die Sonne, auf den Wegen leuchten gelbe Blätter. In einer halben Plastikananas sitzen eine Frau und ihre erwachsene Tochter, sie lachen und kreischen und wirken überrascht, während die Ananas sich auf einer Scheibe im Kreis mit den anderen Ananassen und um sich selbst dreht, sodass Mutter und Tochter sich gegen die Fliehkraft stemmen müssen. Im Zentrum der Scheibe sitzt ein Orang-Utan aus Plastik und hält eine Ananas in jeder Hand.

Zwei weißhaarige Damen, die vielleicht noch den letzten Weltkrieg, ganz sicher aber die stalinistische Epoche und die Sowjetunion erlebt haben, sitzen in Sonntagskleidern auf einer Parkbank und beobachten die vorbeispazierenden Jungfamilien mit ihren Kinderwagen, geben von Zeit zu Zeit einen Kommentar ab.

Auf einem Karussellpferd sitzt ein Mädchen, neben dem seine Mutter auf der Drehscheibe steht und ihm etwas ins Ohr flüstert, woraufhin das Mädchen aus dem Karussell in die Menge der Umstehenden schaut und winkt, mit einem von der Fahrt erschrockenen Gesicht.

Überall im Park riecht es nach Zuckerwatte. Ich erinnere mich an meine Kindheit, als ich einen Jungen sehe, der einen Schritt hinter seinen Eltern hergeht, mit einer schiefen Frisur, in einer Dreiviertelhose und mit beleidigtem Gesichtsausdruck.

Alina I. Ich habe meinen ersten Blogbeitrag an Alina geschickt. Darin befindet sich eine Passage über den anlässlich meines Geburtstags gemeinsam verbrachten Abend, an dem wir unter anderem über die Besetzung der Krim gesprochen hatten.

«Ich habe den Text durchgelesen und würde dich bitten», schreibt Alina kurz darauf zurück, «ihn ein bisschen (2000 Zeichen oder so) zu kürzen. Vielleicht könnte man den Teil über deinen Geburtstag löschen? Auf jeden Fall gehört das nicht zu unserem Arbeitsalltag.» – Smiley.

Im Vorfeld meiner Reise hatte Alina mich per Mail gebeten, andere als die von mir ausgewählten Passagen meines Romans für die russische Übersetzung auszuwählen, da sich ein Partner des Goethe-Instituts offenbar geweigert hatte, sich an dem Stipendienprogramm zu beteiligen, wenn ich bei meiner Auswahl bleiben und auf ausgerechnet diesen Passagen bestehen würde.

Ich erinnere mich: In Russland existiert ein Gesetz, das die falsche Darstellung des Landes und seiner Geschichte unter Strafe stellt. Seit 2014 ist es möglich, nichtkonforme Aussagen mit hohen Geldstrafen (von bis zu 300 000 Rubel) oder sogar mit bis zu fünf Jahren Freiheitsentzug zu ahnden.

«Unsere Partner», hatte Alina mir geschrieben, «bitten darum, dass du Passagen auswählst, in denen die sowjetischen Soldaten nicht so schlecht dargestellt werden. Vielleicht am besten welche, in denen gar keine sowjetischen Soldaten vorkommen?»

Ich schrieb zurück, dass mein Roman von der polnischen Nachkriegsgeschichte handle, weshalb die gewaltsame Unterdrückung durch die Sowjetunion im Grunde in fast jeder Passage eine Rolle spielt. Und dass ich mich außerdem weigerte, andere Passagen auszuwählen, weil ich für die Freiheit des Wortes sei und lieber ganz auf die Reise verzichten würde, als mich zensieren zu lassen.

Daraufhin schrieb sie zurück, dass ich natürlich recht hätte und dass sie einfach andere Partner suchen würde, auch sie sei für die Freiheit des Wortes.

Nun also das Krimgespräch in meinem Blogbeitrag. In dem sie allerdings vorkommt. Sie hat ein Recht darauf, denke ich, als reale Person nicht in meinem Blogbeitrag vorzukommen.

Summer's Almost Gone. Im Park laufe ich schon über gelbes Laub. Die erste Runde lief ich so schnell, dass die Musik am Riesenrad (Modern Talking – «You're my heart, you're my soul») leierte und einen Halbton tiefer wurde, als ich am Riesenrad vorbei war und mich wieder von ihm entfernte. Bei der zweiten Runde war dieser Halbtonschritt dann leider nicht mehr zu hören.

An der Längsseite des Parks laufe ich immer auf einem Streifen Erdboden unter den Bäumen entlang des Bürgersteigs. Der Boden ist dort sandig und von Kiefernnadeln und -zapfen bedeckt, und ich stelle mir vor, dass das der Taigaboden ist und ich in der Natur laufe, weit außerhalb der Stadt, in den Weiten Sibiriens. Der Sandboden ist weich, sodass ich, als ich wieder auf den Asphaltweg im Park einbiege, ein Stechen im rechten Knie verspüre.

Es saß heute eine Gruppe von Jugendlichen in einem der Sessel des Riesenrads. Ich lief unter ihnen vorbei und hörte sie über mir plaudern und lachen. Auf den Bänken des Parks, an denen ich vorbeikam, saßen Leute mit ihren Mittagessen auf Plastiktellern und unterhielten sich. Der Himmel war wieder ganz blau, weshalb die Blätter besonders gelb leuchteten und die noch grünen besonders grün zu sein schienen.

Eine sowjetische Utopie. Bei einem Spaziergang durch Akademgorodok, südlich von Nowosibirsk, der Name bedeutet übersetzt «Akademisches Städtchen», kann ich Pilze und Kiefernnadeln auf feuchtem Untergrund riechen. Sonnenflecken scheinen im Unterholz auf, zwischen den Blättern schimmern die Gebäude der Studierendenwohnheime und der Institute hindurch.

Wir spazieren hier durch eine sowjetische Utopie der 1950er-Jahre. Eine Stadt, fern von Moskau, in der nur Kernphysikerinnen, Genetiker und andere Wissenschaftler mit ihren Familien leben durften. Sie sind heute der lokalen Partei nicht unterstellt und verwalten ihr Städtchen selbst. Natürlich sollten ihre Erkenntnisse damals – so hatte es der Gründer des Projekts, Michail Lawrentjew, erdacht und auch der Parteiführung in der Hauptstadt verkauft – der Militär- und Energieindustrie zugutekommen. Und doch war, so stelle ich es mir vor, eine ungeahnte Freiheit möglich für alle, die sich entschlossen hatten, hinter den Ural zu ziehen.

Heute locken hier zahlreiche Cafés und Pubs. Uns begegnen auf den Gehwegen Studierende auf Fahrrädern, in ein Buch vertieft auf einer Parkbank sitzend oder mit einem Coffee-to-go-Becher von *Traveler's Coffee*. In einem neuen Teil des Städtchens, dem «Technopark», entstehen gerade Institute, in denen Programmiererinnen und Nanotechnologen Projekte entwickeln werden, der Technopark ist ein Inkubator für junge Start-ups.

Damals, sagt Valentin, seien vor allem junge Wissenschaftlerinnen und Wissenschaftler hierhergekommen, die in den von den alten Männern aus Moskau geprägten universitären Strukturen keine Entwicklungschancen für ihre Ideen sahen. Jetzt sind sie selber alt geworden, sagt er, und machen es den jungen Leuten ihrerseits schwer.

Aber etwas Utopisches haftet dem Ort auch heute noch an. In einem Amphitheater können die Bewohnerinnen und Bewohner Vorträge aus allen möglichen Themenbereichen der Kultur anhören. An den Abenden finden in den Pubs wissenschaftliche Kabaretts und Science-Slams statt. Man muss aufpassen, was man auf der Straße sagt, denn die Leute sind mit hoher Wahrscheinlichkeit intelligenter als man selbst – eine ergraute Dame oder ein an einem Stock gehender älterer Herr könnten führende Kapazitäten auf dem Gebiet der Teilchenphysik oder der aussterbenden Sprachen und Religionen der Ureinwohner Sibiriens gewesen sein.

Und dann gibt es hier, wie Valentin erzählt, Schattengestalten. Viele Programmiererinnen und Programmierer haben Verträge mit Firmen aus Kalifornien abgeschlossen, sie arbeiten nachts, tagsüber schlafen sie. Sie zahlen in Russland weder Steuern noch sind sie krankenversichert – ihr

Geld und sie selbst tauchen nur auf, wenn sie im *Traveler's Coffee* einen Cappuccino mit ihrer Kreditkarte bezahlen.

Außerdem leben hier vergessene Heldinnen und Helden. Diese Männer und Frauen protestierten 1968 gegen das Vorgehen der Sowjetunion während des Prager Frühlings und verloren ihre Stellen und die Parteimitgliedschaft, blieben aber hier wohnen. Anfang der 1990er-Jahre, als in Russland demokratische Aufbruchstimmung herrschte, wurden sie für kurze Zeit gefeiert. Interessiert sich heute noch jemand für sie?

Im Zug nach Akademgorodok hatten wir über die Ergebnisse der Duma-Wahl am Wochenende gesprochen. Valentin wirkte besorgt, weil die Opposition jetzt endgültig ausgeschaltet worden sei, wie er sagte.

Politische Veränderungen schlagen sich stets auch in der Architektur nieder, sagt er jetzt, als wir durch ein Wäldchen im Akademischen Städtchen gehen. Wir halten vor einem neu gebauten Gebäude, in dem Vorlesungen stattfinden. Es besitzt einen zentralen Turm aus Glas mit goldener Spitze, darin sind die Büros des Dekans und der Administration untergebracht, sowie zwei davon abgetrennte niedrige Seitenflügel, in denen sich die Vorlesungssäle befinden. Die Professorinnen und Professoren und die Studierenden halten sich in unterschiedlichen Gebäudeteilen auf, begegnen sich – anders als in den Institutsgebäuden aus den 1960er-Jahren – auf den Fluren nicht. Das wird schon beim Anblick dieser Architektur sofort klar.

Der Dekan kann sogar, sagt Valentin, direkt vor den Eingang seines Turms vorfahren und muss auf den Gehwegen mit niemandem sprechen.

Die große Natur. Es ist Nacht vor meinem Fenster, in der Ferne leuchtet der Himmel über den Wolkenkratzern gelblich, als trüge dort am Horizont ein Sturm Sandwolken vor sich her. Die Steppe, die aus der Ebene aufsteigt und auf die Stadt zurollt. Blitze sind dort zu sehen. Aber vor meinem Fenster ist es still, kein Donner folgt, nur die Geräusche der Stadt sind zu hören. Kann ich eines der Fenster für die Nacht offen lassen, oder muss ich alle schließen?

Vielleicht zieht der Sturm an der Stadt vorbei. Ich habe keine Erfahrung mit den Gewittern hier, und für einen Moment bin ich einer urwüchsigen Angst ausgesetzt. Aber am nächsten Morgen wache ich auf, und alle Fenster, die ich gekippt hatte, sind intakt. Nur die Straßen unter meinem Fenster sind noch etwas nass.

Alina II. Alina schreibt mir: «Vielleicht sollten wir uns für den nächsten Blogbeitrag etwas Konkretes überlegen. Ich überlege mir etwas und schicke dir dann Themenvorschläge.»

Ich zurück: «Lieben Dank für dein Angebot, aber ich suche meine Themen lieber selber.»

Sie, kurz darauf: «Okay, alles klar. Liebe Grüße.»

Stille. Die Stadt vor meinem Fenster ist in Grau gehüllt. Ist das nun der berühmte Wetterumschwung im Herbst, bei dem der Sommer sofort in den Winter übergeht? Ich habe keinen Regenschirm dabei. Von unten vor meinem Wohnblock rauscht es auf, wenn ein Auto vorbeifährt. Der Regen verstärkt alle Geräusche. Andererseits legt er auch ein einheitliches Rauschen über alles, wodurch sich bald der Eindruck einstellt, dass man in einem grundsätzlicheren Sinne eingehüllt ist in Stille.

Der Korsar. Gestern war ich mit Sofia in der Premiere des Ballettstücks «Der Korsar», inszeniert nach einem Gedicht von George Gordon Byron. Es war ein klassisches Ballettstück mit Musik aus dem 19. Jahrhundert: Walzer und Tschaikowski-Style. Das Bühnenbild bunt, aufgeladen mit Details. Man blickte auf eine Stadt mit Minaretten, das Meer, in bunte Tücher gehüllte Palasträume, einen Harem und dicke Händler mit Turbanen und Haremsdamen.

In dieser Szenerie tanzten die zwei federleichten Hauptdarstellerinnen so schnell und voller Körperspannung über die Bühne wie Kolibris. Die Männer hingegen hatten etwas Kraftvolleres an sich, etwas Brutales. Ihre Tänze stellten die Kämpfe zwischen dem abendländischen Piraten mit gutem Herzen und den türkischen Soldaten oder dem türkischen Sklavenhändler dar.

Es waren Demonstrationen von Überlegenheit. Sie brachten auch Besitzanspruch und Schutzauftrag zum Ausdruck. Der weiße Korsar trug seine federleichte Dame des Herzens über dem Kopf durch die Menge. Er hob sie hoch, damit wir sie sehen konnten. Und damit sie frei sein konnte von der islamischen Versklavung und von den bösen Absichten des zweiten, bösen, schwarz gekleideten Korsaren, der eifersüchtig auf den guten Korsaren war und ihn deshalb verriet.

Bravo, riefen die Zuschauerinnen und Zuschauer um uns während einer Soloeinlage.

Im klassischen Ballett ist die Story dünn, der Körper und seine übermenschliche Beherrschung stehen im Vordergrund. Die Kunst besteht in der Perfektion, in der Geschwindigkeit und der Spannung, mit der die Tanzfiguren ausgeführt werden, die sich jedoch – und das ist das Wesentliche – erst in der Leichtigkeit der Bewegungen zeigt.

Die jungen Frauen, so scheint es, schweben über die Bühne. Sie sind das reine «Ideal», und das war für mich vielleicht das diesen Besuch prägende Gefühl: dass diese Kunstform genau deshalb nicht mehr zeitgemäß ist, weil ihr der Bruch, die Zerstörung des Ideals fehlt, also die Erfahrung des 20. Jahrhunderts. Ich kann die Kunstfertigkeit der Tänzerinnen und Tänzer bewundern. Aber das Stück berührt mich nicht, es spiegelt nicht meine Wahrnehmungs- und Gefühlswelt wider.

Die Oper ist auch von innen ein imposantes Gebäude. Rote Teppiche dämpfen jeden Schritt ab, die Wände sind mit roten Tapeten ausgekleidet, Spiegel an den Säulen lassen die Gänge und Pausensäle noch größer und weitläufiger erscheinen, riesige Kristallkronleuchter hängen von der Decke.

Die Frauen haben sich herausgeputzt. Sie tragen hohe Schuhe, Abendkleider mit einem Tuch über den Schultern, eine Handtasche. Viele Männer tragen Anzüge, aber hier und da sehe ich auch jüngere Leute in Straßenkleidung. Sekt wird serviert, dazu kunstvoll verzierte Tortenstücke. Wie im Salon eines französischen Adeligen, denke ich.

Freizeit. Theresa, die hier am Goethe-Institut gerade ein dreimonatiges Praktikum begonnen hat, betreibt die

Sportart «Ultimate Frisbee». Sie hat mir erzählt, dass sie übers Internet herausgefunden hat, es gebe in Nowosibirsk Gleichgesinnte, und zwar genau sieben. Zufällig träfen diese sich auf einer Wiese in der Nähe ihrer Wohnung. Gestern sei sie zum Treffpunkt gegangen und habe eine Runde mit ihnen gespielt, und nun seien sie für drei Monate zu acht.

Es gibt keinen Tod. An einem Freitagnachmittag vor zwei Wochen traf ich mich mit Sergey Schuba, Mikhail Moiseew und Dmitrij Koroljow, drei Dichtern der Nowosibirsker Dichtergruppe Retschport, was übersetzt Flusshafen bedeutet, Retsch kann aber auch die Rede meinen (den Redefluss).

Sergey ist dünn und hat ein rotes Gesicht und schielt ganz leicht, Dmitrij ist groß und trägt einen dunklen Vollbart und gestikuliert mit beiden Armen, wenn er spricht, ohne mir dabei in die Augen zu schauen. Mikhail wirkt untersetzt und trägt ein orangefarbenes Hemd und ein graues Sakko und hat einen roten Hautfleck auf einer Wange. Wir hatten uns in einem Sowjet-Nostalgie-Café verabredet, in dem ein großes Bier 95 Rubel kostete, umgerechnet nur 1,20 Euro, und Mikhail aß gleich ein merkwürdiges Stück Torte, das aus Kartoffel-, Mayo- und Roter-Bete-Schichtungen bestand.

Hier im ersten Stock, auf der Balustrade, hätten sie sich gegründet, erzählt Dima und hebt und senkt die Arme. Er überreicht mir ein Heft mit Gedichten als Geschenk, das den Titel *Es gibt keinen Tod* trägt. Der Band ist eine Hommage an einen ihrer Freunde – den Dichter Viktor Ivaniv –, der sich vor anderthalb Jahren aus dem Fenster stürzte.

Kein Journalist, weder in Zentralrussland noch in Nowosibirsk, hat darüber geschrieben, ruft Dima und beugt sich vor und zurück in seinem Stuhl, hält sich an seinem Bart fest.

Das ist der Grund, sagt Sergey, warum wir beschlossen haben, ein Online-Magazin zu gründen. Auch über unsere Lesungen berichtet kein Kulturjournalist der Stadt. Wenn wir es nicht selbst tun, dann tut es keiner.

Alle drei gehen Berufen nach, von ihren Gedichten können sie nicht leben. Als ich ihnen von der Förderlandschaft für Schriftstellerinnen und Schriftsteller in Deutschland berichte, schäme ich mich, weil dort Bedeutung generiert wird einfach nur durch Geld – ich bin jetzt hier in Nowosibirsk, was den Anschein erweckt, dass ich ein relevanter Schriftsteller sei, aber nur, weil ich aus einem Land komme, das Geld in die Kulturförderung pumpt.

Mikhail erzählt von einem Gedicht, das er als Kind geschrieben hat, nachdem ein paar Jungs einen ganzen Wurf Kätzchen auf einem Tisch zum Spaß vergiftet hätten. Nur eines sei unversehrt geblieben, ein schwarzes, weil die Kinder es zwischen den anderen Kätzchen übersehen hätten.

Das Gedicht, das er uns aufsagt, handelt von dem überlebenden Kätzchen. Ein Junge nimmt sich seiner an und gibt ihm den Namen «Schwarzes Kätzchen». Monatelang, sagt Mikhail, wollten alle Mädchen in der Klasse, dass ich es ihnen aufsage. Ich war für kurze Zeit sehr beliebt.

Wir sprechen über Avantgarde, über das Universelle in der Lyrik, über die Metaphysik bei Dostojewski und über Mandelstam, Zwetajewa und Celan. Wir sprechen über die Frage, warum für die heutige Literatur noch immer der Zweite Weltkrieg so wichtig ist, wann sie endlich einen

Schritt nach vorne macht. Und dann stehen sie alle drei plötzlich auf, wie auf ein geheimes Zeichen hin, geben mir die Hand und gehen, wie sie gekommen sind, verschwinden in der Nacht von Nowosibirsk.

Auf dem Tisch bleiben die Biergläser und Teller und die selbst gedruckten Bändchen mit ihren Gedichten zurück. Die wilden Detektive, denke ich, tauchen wieder ein in die Schwärze der Geschichte, aus der sie kurz aufgetaucht waren.

Was weiß ich denn schon. Ich würde gern aufs Land fahren. In die Leere der Natur. Ich habe keine Ahnung, wie man dort lebt. Und wer eigentlich. Man sagt mir hier oft: Willst du Russland verstehen, musst du mit den Menschen auf dem Land sprechen. Dort wird man, nehme ich an, keine Bildung im Sinne von Weltläufigkeit treffen. Aber was weiß ich denn schon, ich war dort ja noch nie.

Junge Frauen. Sofia, Alina und Natascha sprechen alle, wenn man sich mit ihnen unterhält, von etwas Ähnlichem. Sie würden gern in viele Länder reisen, vielleicht sogar eine Weile in Deutschland oder Polen oder Tschechien arbeiten und ihre Fremdsprachenkenntnisse verbessern, ihre Freundinnen und Freunde in Europa öfter sehen. Viele Freundinnen hier seien schon verheiratet, hätten erste Kinder. Und Eltern und Freunde fragten immer häufiger, wann es endlich auch bei ihnen so weit sei.

Kapital. Ich mag das Café Tschaschka Kofi, was übersetzt «Kaffeetasse» bedeutet. Es befindet sich direkt neben dem Buchladen *Kapital.* Wenn man auf der Balustrade sitzt, kann man durch eine Glasscheibe direkt in den Buchladen hinabschauen.

Es ist ein Laden auf drei Etagen, im Parterre gibt es eine Abteilung für Geschenkartikel, im Keller, wo vor ein paar Tagen meine öffentliche Lesung stattgefunden hat, befindet sich eine große Abteilung für antiquarische Bücher. Abgesehen davon, dass es sich bei allen Büchern bis auf diejenigen in der fremdsprachigen Abteilung um Bücher in russischer Sprache handelt, ist es ein Buchladen, wie es sie in Deutschland auch gibt.

Es ist Sonntag, und der Buchladen ist geöffnet. Das ist für mich natürlich doch eine Besonderheit. Aber hier scheint das überhaupt nicht anders denkbar zu sein. Allein die Vorstellung, dass es hinter dem Ural, von Nowosibirsk aus gesehen, irgendwo ein Land oder sogar mehrere gibt, in denen Buchläden und andere Geschäfte am Sonntag geschlossen haben, wirkt unglaubwürdig. Warum sollte ein Geschäft an einem Tag geschlossen bleiben, wenn es auch geöffnet sein kann?

Und es stimmt: Gerade sonntags denken die Menschen doch an Bücher. Wie viele Bücher mehr würden sich in Deutschland verkaufen, wenn die Buchläden an Sonntagen geöffnet hätten. (Und vielleicht sogar meine!)

Die Reise. Für eine Lesung fahre ich für ein paar Tage nach Krasnojarsk, eine Stadt, von der hier alle sagen, sie liege in direkter Nachbarschaft zu Nowosibirsk. Die Fahrt mit der

Transsibirischen Eisenbahn in östlicher Richtung dauert zwölf Stunden.

Ich teile mir ein Schlafabteil mit Andrej, Dimitrij und Mischa, die Reise beginnt um elf Uhr am Abend, man trägt Jogginghosen und Hausschuhe, legt sich bald schlafen.

Der Blick aus dem Fenster am Morgen überrascht mich, obwohl ich genau diesen Blick erwartet hatte. Am Fenster gleitet Birkenwald vorbei, in dem Nebel hängt, ohne Unterbrechung nur Wald – und darüber ein blasser Himmel, der am rechten Fensterrand in Hellblau und Rosa übergeht, aber nur dort, der Übergang bleibt immer am rechten oberen Bildrand.

Der Blick dringt in die Tiefe zwischen den Baumstämmen und kann sich im Nebel an nichts festhalten, wird schon weitergezogen, in einen neuen Ausschnitt des Waldes. Dann tauchen ein paar verstreute Häuser auf, aus Latten und Holztüren zusammengeschusterte Schuppen, aus deren Blechkaminen Rauch aufsteigt, ins hohe Gras geduckt stehen ein paar Strommasten, die umzukippen drohen. Dann wieder Wald.

Andrej, Dimitrij und Mischa sind aufgewacht. Man steht gähnend im Gang, mit Handtuch und Zahnbürste. Später kauft man in der Kabine der Zugbegleiterin einen Teebeutel, bekommt eine Tasse und füllt sich am Samowar in einer Ecke des Gangs heißes Wasser ein. Man zieht die Jogginghose aus und die Jeans wieder an. Erste Plattenbauten huschen am Fenster vorbei, ein rauchender Fabrikschlot.

Dimitrij trägt jetzt ein weißes Hemd und spitze Leder-Lackschuhe. Good bye, Matthias, sagt er und gibt mir die Hand. Gute Tage in Krasnojarsk.

Kosaken. Dort, wo der kleine Fluss Kača in den großen sibirischen Strom Jenissej mündet, ließ der Kosakenhauptmann Andrej Dubenski 1628 von dreihundert Mann eine Holzfestung errichten, um die stromabwärts gelegene Pelzhändlerstadt Jenissejsk vor den Angriffen der ihr Land und sich selbst verteidigenden Kirgisen zu schützen. Interessant ist dieser Umstand auch deshalb, da Russland sich gern als Schutzmacht der durch die Kolonialmächte des Westens ausgebeuteten Länder und Weltregionen verkauft.

Die erste Siedlung brannte im 18. Jahrhundert ab, von ihr zeugt heute das Denkmal eines Pferdes – Freund, Transportmittel und im Notfall Nahrungsquelle eines Kosaken. Anna, meine Dolmetscherin, führt mich vom Denkmal den Prospekt Mira (die Friedensallee) entlang in die jüngeren Stadtbezirke, an den Holzhäusern der ersten Händler und an den Jugendstilgebäuden der Familie Gadalov vorbei, welche die Stadt elektrifiziert hatte und von den Bolschewiki enteignet und in Arbeitslager gesteckt wurde.

Der letzte Bürgermeister, erzählt Anna, habe eine große Leidenschaft gehabt. Wir stehen am Brunnen «Valentin und Valentina», auf dessen Rand ein junges Paar aus Bronze sitzt. Kurz darauf kommen wir an den «Flüssen Sibiriens» vorbei, im Becken stehen Frauengestalten aus Bronze. Mehr als hundert solcher Wasserspiele, sagt Anna, gebe es seit ein paar Jahren in der Stadt.

Neben einigen orthodoxen Kirchen mit Kuppeldächern besichtigen wir auch eine katholische Kirche. Zur Zarenzeit wurden Aufständische aus Kongresspolen nach Krasnojarsk verbannt, in den Strafarbeitsdienst, die Katorga.

Die Kirche war nach der Revolution zwangskollektiviert worden und wurde für verschiedene praktischere Zwecke genutzt, als Materiallager oder Stall oder Schule.

Heute darf die Gemeinde der polnischen Nachfahren sie ein paar Tage in der Woche anmieten, in den restlichen Tagen ist das Gebäude ein Saal für Orgelkonzerte.

Am Jenissej-Ufer liegt der Dampfer, auf dem Lenin 1897 zu seinem Verbannungsort Schuschenskoje südlich von Krasnojarsk gefahren ist. Ein Stein neben dem Kulturhistorischen Zentrum, das gegen Ende der Sowjetzeit erbaut wurde und eigentlich ein Lenin-Museum werden sollte, erinnert an die Opfer der sowjetischen Repression. Um ihn sind orangefarbene Flammen auf den Asphalt gemalt, zwischen denen menschliche Silhouetten ausgespart sind. Die Farbe der Flammen blättert ab, unkenntlich werden mit der Zeit auch die Aussparungen.

Im Grillrestaurant *Ogon i Led* (Feuer und Eis) erfahre ich später von Mascha, meiner Gastgeberin vom Sprachlernzentrum, dass fast alle Restaurants in der Stadt einem von zwei Besitzern gehören.

Wir profitieren von ihrer Konkurrenz, sagt sie. Beide müssen sich ständig etwas Neues einfallen lassen.

Die fernen Jahre der Kindheit. Gestern fuhr ich mit Anna und dem Fotografen Ivan nach Owsjanka bei Krasnojarsk, in das Dorf, in dem der Schriftsteller Wiktor Astafjew seine Kindheit verbracht hat. Hier steht das Haus, das er sich Jahrzehnte später kaufte, um darin in den Sommermonaten zu wohnen und zu arbeiten, nach einem langen Leben in anderen Teilen Russlands.

Es ist ein niedriges Bauernhaus aus Holz, grün und gelb gestrichen und mit Schnitzereien in den Fensterrahmen. Drinnen haben nicht mehr als eine Küche mit einem großen Steinofen, ein Arbeitszimmer mit einem Bett und eine Wohnstube mit einem Bücherregal, einem Sofa und ein paar Sesseln Platz. Einer der Sessel ist aus Elchgeweihen gebaut, ein Geschenk aus dem Ural, wo er nach seinen Jahren an der Front des «Großen Vaterländischen Krieges» mit seiner Frau und seinen zwei Kindern lebte (von denen später das Mädchen starb).

Diese Räume zu sehen, in denen er einsame Wochen verbrachte mit seiner Arbeit, hat mich seltsam ruhig gestimmt.

Im Garten des Hauses hat Astafjew Gemüse gezüchtet. Es ist ihm gelungen, eine sibirische Zirbelkiefer anzupflanzen, was nicht leicht sein soll.

An Owsjanka fließt der Jenissej vorbei, durch das Tal, das er in diesen Ausläufer des Gebirgszugs Ostsajan gegraben hat. Astafjew war hierher zurückgekehrt, an den Ort, an dem er – nach der Enteignung der Eltern, der Inhaftierung des Vaters und dem Ertrinken der Mutter – mit seinen Großeltern wohnte, deren Haus (als Rekonstruktion) heute Teil des Museums ist.

Auf einem Foto an der Wand schüttelt Präsident Jelzin einem alten Mann die Hand, dem der Krieg, die jahrelange Arbeit bei der Bahn, in verschiedenen Schlossereien und im Fleischkombinat in der Stalinzeit sowie der Verlust eines Kindes Spuren ins Gesicht gegraben haben. Astafjew war ein Freund von Solschenizyn. Er schrieb Bücher über seine Jahre an der Front, man zensierte ihn immer wieder. In den Sommern zog er sich bis zuletzt in dieses Haus zurück, pflegte seinen Garten und arbeitete.

Winter's coming. Ich bin zurück in Nowosibirsk. Ein kalter Wind weht von einem Tag auf den anderen durch die Straßen. Er schlägt einem gegen die Stirn, terrorisiert einen unablässig. Die Sonne scheint, aber sie schafft es nicht mehr, die Stadt zu wärmen. Jetzt, da es ungemütlich wird, fällt die Ungastlichkeit der Architektur viel mehr auf. Beton, Glastürme, Plattenbauten – und immer wieder ein rohes Skelett, das in den Himmel ragt. Die Gebäude scheinen nur praktische Zwecke zu erfüllen, die Verspiegelung der Glastürme soll im Winter Licht in der Stadt sammeln, Hunderte identische Wohneinheiten und Büros stellen eine Antwort auf das Bevölkerungswachstum dar.

Der Lärm der mehrspurigen Straßen löscht in einem für Momente alle Gedanken aus. Riesenmall, Sushi, *Traveler's Coffee.* Als Passant gehe ich durch Holztunnel an Blechzäunen entlang. Und immer dieser Wind. So herzlich man zueinander ist, wenn man in einer Bar oder bei jemandem zu Hause sitzt, so unnahbar wird man im Freien, in der Welt der Kälte und der Beton- und Glasriesen, die nicht gebaut wurden, damit sich die Menschen zwischen ihnen wohlfühlen.

Witalij. Bei einem Treffen an meinem vorletzten Abend in Nowosibirsk erzählte mir der russische Schriftsteller Witalij Seroklinow die folgende Geschichte: Er habe als junger Mann, fünf Jahre nach dem Ende der Sowjetunion, ein Mädchen vor dem Selbstmord gerettet. Er lebte damals im achten Stock eines Plattenbaus und sei sehr verliebt gewesen in eine Frau, mit der er früher in dieselbe Klasse gegangen war, aber als armer Schriftsteller und Redakteur habe er bei ihr, obwohl auch sie ihn geliebt habe, keine Chance gehabt. Eines Tages sei er nach Hause gekommen und habe das Fenster geöffnet, und genau in diesem Moment sei die Tochter seiner Nachbarn aus dem Fenster über ihm gesprungen. Und er habe sie, so unglaublich das klinge, aufgefangen. Kurz darauf habe sich herausgestellt, dass der Vater des Mädchens beim FSB arbeitete, der Nachfolgeorganisation des Geheimdienstes KGB.

Wenn ich dir irgendwann helfen kann, habe der Vater mit Tränen in den Augen zu Witalij gesagt, wenn du meine Kontakte brauchst, ich werde alles für dich tun, sogar jemanden ermorden lassen.

Es gebe da eine Sache, habe Witalij gesagt. Er habe den Vater gebeten, dafür zu sorgen, dass die Frau, die er liebte, keinen seiner Konkurrenten heiratete, sondern ihn. Heute, zwanzig Jahre später, sagte Witalij, seien sie immer noch verheiratet. Sie hätten wenig Geld und wohnten noch immer in derselben Wohnung im achten Stock des Plattenbaus, aber sie liebten einander und seien glücklich.

Als Witalij geendet hatte, war in seinem Gesicht eine herzzerreißende Zärtlichkeit, als könnte er die zwanzig Jahre mit seiner Frau noch einmal wie neu vor sich sehen.

Ich wollte ihn fragen, wie genau er das Mädchen aufgefangen, was dessen Vater später für Schritte eingeleitet habe, weil mir das alles unglaublich, vielleicht sogar unglaubwürdig vorkam. Aber als ich seinen entrückten Gesichtsausdruck sah, entschied ich, nichts zu fragen.

Berlin (2016)

22. Oktober. Gestern spazierte ich durch den Prenzlauer Berg. Plötzlich fand ich mich in der Siedlung am Ernst-Thälmann-Park wieder, um mich ragten die Plattenbauten über den Baumkronen in den Himmel, graubrauner Beton. Die Siedlung wird auf der einen Seite begrenzt vom Zeiss-Großplanetarium, das heute an der Stelle eines früheren Gasometers steht, auf der anderen Seite durch das Ernst-Thälmann-Denkmal, eine große Granitfläche mit der zentralen Bronzestatue: das Konterfei des Kommunisten und geistigen Urvaters der DDR unter einer wehenden Fahne in siegreicher sozialistischer Pose.

In einem von Ehrhardt Gißke herausgegebenen Buch (*Bauen in Berlin. 1973 bis 1987*) lese ich: «Eine Städtebaukonzeption wurde Wirklichkeit ganz im Sinne Ernst Thälmanns, der bereits 1919 erklärte, die Wohnungsfrage kann nur in der Weise bewältigt werden, indem alle Wohnungen so gebaut werden, dass alle modernen Errungenschaften nicht mehr einer kleinen Minderheit, sondern der Allgemeinheit zugutekommen.»

Durch die Anlage führen Wege zu den Spielplätzen, zum ehemaligen Kulturhaus mit dem heutigen «Theater unter dem Dach», zu einem zentralen Platz, an dem sich die Bürgerinnen und Bürger begegnen konnten. Die Hochhäuser der Siedlung, die 1986 fertiggestellt worden ist, umfassen 1336 Wohnungen. Im Park wurde angeblich für jede Bewohnerin und jeden Bewohner ein Baum gepflanzt.

25. Oktober. *SPON:* Vor ein paar Tagen haben Anwohnerinnen und Anwohner in einem kleinen Ort in Thüringen einen jungen Mann aus einer Geflüchtetenunterkunft angefeuert, während er, in einem Fenster stehend, kurz davor war, sich auf die Straße zu stürzen. Sie standen unter dem Fenster auf der Straße und ermutigten ihn lauthals dazu zu springen.

Der thüringische Ministerpräsident erklärt nun, dass die skandierenden Anwohnerinnen und Anwohner etwas anderes gemeint hätten, als sie dem jungen Mann im Fenster zujubelten. Sie hätten, ganz allgemein, ihren Unmut über die politischen Vorgänge zum Ausdruck bringen wollen.

Im Internet und in den Nachrichtenmedien wird das Ereignis breit kommentiert, es wird gefragt, warum die Anwohnerinnen und Anwohner des Ortes so und nicht anders gehandelt hätten. Das Augenmerk wird sofort von dem jungen Mann und den Gründen für seine Verzweiflung (ein Mensch will sich lieber auslöschen, als dieses Leben länger zu ertragen) auf das Spektakel gelenkt, das mediale Theater, die Anwohnerinnen und Anwohner rücken in den Vordergrund, die Empörung oder das Verständnis, das sie auslösen. Menschen sprechen sich in den Kommentarspalten unter den Artikeln für die Aufnahme von Asylsuchenden aus, Menschen sprechen sich dagegen aus. Menschen analysieren ostdeutsche gesellschaftliche Strukturen und die westdeutsche Hegemonie und machen abwechselnd eines von beiden verantwortlich für das Verhalten der Anwohnerinnen und Anwohner.

Das mediale Theater rund um den Selbstmordversuch des jungen Mannes wirft ein Licht auf das Denken und Fühlen eines großen Teils der in Deutschland lebenden Menschen. Es hat, wenn überhaupt, einen kurzen Moment des Mitgefühls mit dem Mann im Fensterrahmen gegeben, aber wie beim Schauen eines Actionfilms hetzt man schon weiter, zur nächsten Verfolgungsjagd. Und während der Diskussionen und in jedem nächsten Moment der Empörung hat man das unbedingte Gefühl, politisch zu handeln. Man ist überzeugt, dass man durch einen Kommentar unter einem Artikel das Weltgeschehen mit beeinflusst.

So passiert es, denke ich, mit jedem neuen Ereignis auf der Welt, von dem wir durch die Medien erfahren. Die kurzen Momente des Schreckens, des echten Mitgefühls werden sofort abgeschnürt und verpackt, von der Wirklichkeit abgetrennt, sie sinken entschärft ins Nichts der Geschichte in unserem Rücken. Die neueste Entwicklung in der Debatte muss weiterverfolgt werden, man muss am Weltjetzt teilnehmen. Dabei nimmt man nur teil am kollektiven Vergessen und Entmenschlichen.

3. November. Was Gombrowicz im Tagebuch über Miłosz und dessen Verstrickung in die Geschichte schreibt, beschäftigt mich. Gombrowicz stellt Miłosz als jemanden dar, der zu sehr gebunden war an sein konkretes Leben und seine Gegenwart, weshalb er keine bedeutende Literatur habe schaffen können. Aber was ist Kunst? Sie ist etwas, antwortet Gombrowicz, das quer zur Geschichte steht, zum tatsächlich sich historisch Ereignenden. Etwas, das die grundlegende Situation des Menschen untersucht, die in jeder Zeit gleich bleibt.

Kann man das wirklich so sagen?

Gombrowicz deutet an, dass er seine Bücher auch hätte schreiben können, wenn seine konkreten Lebensdaten andere gewesen wären, wenn er wann anders und woanders zur Welt gekommen wäre. Weil es ihm um nichts Zeitspezifisches, sondern um Universelles gehe. Miłosz hingegen handle seine eigene Geschichte ab: seine Jugend in Wilna, den Krieg, der diese Vorkriegswelt für immer ausgelöscht hatte, den Warschauer Aufstand, die Shoa, den Stalinismus, später seine Emigration nach Paris und weiter nach Kalifornien.

Ich frage mich, ob Gombrowicz seine im besten Sinn snobistischen Romane und Erzählungen hätte schreiben können, wenn er nicht in eine polnische Adelsfamilie hineingeboren worden wäre, wenn er Europa nicht schon vor dem Krieg verlassen, sich in einem von Stalin unterworfenen Polen wiedergefunden hätte?

Sofort bin ich verunsichert. Ich kann mich schließlich auch nicht lösen von meiner Gegenwart. Sie umgibt mich und beeinflusst mich, im Internet, in den Treffen mit Freunden, in den Gesprächen mit meinen Eltern und mit L. oder auf meinen Reisen. In welches Verhältnis zur historischen Wirklichkeit soll man sich als Schriftsteller setzen?

Das menschliche Leben existiert nicht außerhalb der Geschichte, denke ich dann, es verwirklicht sich doch an einem einzigartigen, von der Geschichte geformten Ort und in einer spezifischen Zeit. Das Allgemeine, das Universelle, das alle Menschen betrifft, zeigt sich nur im Konkreten, im Zeitspezifischen, genau davon zeugen doch Miłoszs Gedichte und Essays. Wir werden vielleicht alle gleich geboren, aber wir werden ungleich durch die konkreten Umstände unseres Lebens, durch die spezifischen Einschränkungen, die auf die Familie, das Geschlecht, die Klasse, die ethnische Gruppe, das Land einwirken, in die wir hineingeboren worden sind.

Zwischen dem Konkreten und dem Allgemeinen, so überlege ich, besteht eine Unschärferelation: Je genauer man sich die Herkunft und die Lebensumstände eines Menschen anschaut, desto mehr verliert man das Universelle aus dem Blick. Und umgekehrt: Je genauer man das Universelle betrachtet, desto mehr läuft man Gefahr, sich die Ungleichheiten schönzureden.

Aber sind das Konkrete und das Allgemeine nicht zwei Gesichter ein und derselben Sache? Bei jeder guten Schriftstellerin und jedem guten Schriftsteller, so könnte man doch vielleicht argumentieren, finden sich im Brennpunkt der Sprache und in der Tiefe ihres Interesses am Stoff das Konkrete und das Allgemeine untrennbar verbunden. Nur in ihrer Mischung können sie doch erst überhaupt etwas von der Wirklichkeit des menschlichen Lebens einfangen.

Timişoara (2017)

26. Oktober. An dem Literaturfestival *La Vest des Est – La Est de Vest* in Timişoara nehmen rund zwanzig Autorinnen und Autoren aus ost- und südosteuropäischen Ländern teil. Ich bin der einzige deutschsprachige Gast.

Auf dem Weg vom Hotel zur Lesung von Gabriela Adameşteanu und Ion Vianu, die beide aus autobiografischen Büchern über ihre Zeit in der oppositionellen Bewegung gegen Ceauşescu vorlesen werden, erzählt mir Laurenzo, der als Grafiker die Plakate und die Homepage des Festivals gestaltet hat, dass hier in Timişoara, auf dem Platz mit der Kathedrale, die rumänische Revolution von 1989 ihren Ursprung genommen habe. Friedliche Demonstrierende seien von Funktionären der Staatsmacht erschossen worden, aber der Geist der Gegenwehr habe sich von hier aus ins ganze Land ausgebreitet.

Iona, eine Journalistin aus Bukarest, erzählte mir beim Mittagessen im Hotel, dass die Stadt im sogenannten Banat durch ihre Nähe zum ehemaligen Jugoslawien und zu Österreich-Ungarn immer schon besonders gewesen sei – es existiere noch heute eine deutschsprachige und eine serbische Minderheit, Herta Müller stamme aus einem Dorf in der Nähe, die Architektur sei habsburgisch geprägt, auch in der Zeit des Kommunismus habe man hier deutschsprachiges Fernsehen empfangen können. Sie erzählte mir auch, dass der Einfluss der Sowjetunion in Rumänien unter Ceaușescu nicht ganz so groß wie in einigen anderen Ostblockstaaten gewesen sei. Sie habe in der Schule, in den 1960er-Jahren, kein Russisch, sondern Englisch und Französisch gelernt, Russisch habe man nur privat lernen können.

Nach der Lesung frage ich Laurenzo auf dem Weg zum gemeinsamen Abendessen im Restaurant *Amphora*, was er über die heutige Lage in seinem Land denke. Er sagt, Rumänien verändere sich sehr schnell. Ein großes Problem stelle nach wie vor die Korruption dar. Aber in der jungen Generation entwickelten sich viele kulturelle Gegenoffensiven. Als er seine Heimatstadt Tulcea, die im Donaudelta und schon fast am Schwarzen Meer liege, 2008, also vor neun Jahren, Richtung Bukarest verlassen habe, sei es ein langweiliger Ort gewesen – heute gebe es in Tulcea Buchläden und Cafés, in denen Lesungen und Konzerte oder Kunstperformances veranstaltet würden.

Die Kultur, sagt Laurenzo, ist die wichtigste Währung, über die wir verfügen, um das Land und die Gesellschaft gerechter zu machen. Er selbst ist bildender Künstler. Früher habe er sein Geld mit Kirchenmalerei verdient, mit Auftragsarbeiten für Fresken, beispielsweise, nach von den Priestern vorgegebenen biblischen Motiven. Vor drei Jahren habe er sich dann selbstständig gemacht, als bildender Künstler und Grafiker. Heute komme er ganz gut über die Runden. Und zwischendrin könne er sogar eigene Arbeiten ausstellen.

Es herrscht hier ein sonniger, warmer Spätherbst. Die Blätter in dem Villenviertel, in dem sich das Hotel befindet, sind grün, gelb, rot gefärbt. Der Himmel ist blau, alles um mich sieht aus wie weichgezeichnet. Mich erstaunt es im ersten Moment, dass die Architektur vieler Villen Bauhauselemente aufweist. Das erinnert an den konstruktivistischen Stil, den ich in Nowosibirsk gesehen habe, oder auch in der sogenannten Generalssiedlung in Opole. In mir löst der Anblick dieser Architektur sofort wieder kindlich heimatliche Gefühle aus.

Patricia, die Mitorganisatorin, erklärt mir hingegen, dass sie nicht gern in dieser Siedlung lebe, die Zimmer in den Häusern seien klein, die Fassaden der Gebäude hässlich. Sie verbinde diese Häuser und ihre Architektur mit der realen Erfahrung der Unfreiheit unter Ceaușescu.

Die kosmisch-metaphysische Vision des Menschseins, die Doris Lessing in *Shikasta* entwirft, begleitet mich auf dieser Reise und bettet mich ein in eine beruhigende, seltsam euphorische Grundstimmung. Jeden Abend lese ich in diesem Buch. Die Menschheit, wie wir sie seit dem Beginn der sogenannten Zivilisationen kennen, leidet in Doris Lessings Vision bereits unter der «Degenerationskrankheit»; der Strom der «Substanz-des-Wir-Gefühls» ist gestört, die wahre Herkunft aller Wesen und ihre ursprünglichen Harmonie droht in Vergessenheit zu geraten. Die Religionen stellten nur einen Abglanz dieser ursprünglichen Harmonie dar, ein fernes Echo, Merkhilfen, in denen Fragmente des alten Wissens aufscheinen. Alles Sein auf der Erde, lese ich, war einst ausgewogen, durch kosmische Kanäle mit allem Sein im Universum verbunden, der Tod nur eine

Durchgangsstation der Seelen zu anderen Stufen kosmischen Existierens.

Die mystischen Motive, die hier aufscheinen (Gnosis, Zoroastrismus, Manichäismus, Judentum und Christentum, Sufismus) betten mich, den Ungläubigen, ein in einen geistigen Raum, in dem alles, was in unserer aufgeklärten, atheistischen, technikdominierten Welt gedacht, gehofft und getan wird, plötzlich Mitleid und Zuneigung in mir weckt – wir sind heute tatsächlich arm dran, bekämpfen einander auf der ganzen Welt, kämpfen um Rohstoffe und um Vorherrschaft, töten, versklaven, werden versklavt. Man muss mit den Menschen eigentlich Mitgefühl haben. Wir klammern uns an den Hedonismus, an Karrieren, an neue Gegenstände, verdrängen in unserem Egoismus unsere eigene Verstrickung in die globalen Zusammenhänge. Dabei hoffen wir auf etwas völlig anderes, von dem in unserem Denken gelegentlich, wenn überhaupt, eine vage Ahnung aufschimmert, die wir aber kaum zu fassen kriegen. Wir verstehen diesen Schimmer nicht. Wir wissen nicht, was er bedeutet. Wir spüren nur einen Mangel.

Einige Menschen halten diesen Mangel aus und finden einen Zugang zum mageren Strom des Wir-Gefühls, andere zerstören, strampeln, klammern sich an Ideologien, an das Immer-weiter-nach-Vorne der kapitalistischen Denkweise und an Wachstum, an Nationalismen, an Gewalt.

Das planetare Wir-Gefühl zu stärken, müsste das Ziel einer Utopie sein. Die Systeme, die wir jedoch errichten, zielen auf das Gegenteil ab, und sie wirken wiederum auf uns zurück, erziehen Menschen zu Konkurrenten, zu Egoistinnen, zu Funktionären, zu Mörderinnen. Technischer

Fortschritt wird keinen geistigen Fortschritt mit sich bringen. Den müssten wir schon selbst einleiten.

Solcherlei lässt mich dieses Buch denken.

Am nächsten Morgen stehe ich auf dem Hauptplatz und schaue in Richtung der Kathedrale der Heiligen drei Hierarchen – gerade findet die Messe zu Ehren des Tages des heiligen Dimitrij statt, Gesang dringt durch die Türen hinaus ins Freie. Unter den Arkaden des Symphony-Cafés sitzt ein älterer Herr mit Stock und Hut, mit gepflegtem Ziegenbart. Eine in eine weiße Pelzweste gekleidete Frau in High Heels steht neben ihm, und sie unterhalten sich. An mir geht ein Mann vorbei, Jacke und Mütze sind aus blauem Stoff gewebt und scheinen mit Watte gefüttert zu sein. Dazu trägt er eine getönte Brille. Er erinnert mich an Landwirte aus meiner Kindheit, die auf den Märkten Kartoffeln und Kohl anboten.

Am Fluss tritt aus einem Gebäude, dessen eine Wand Graffiti zieren, ein junger Mann in Baseballcap und Sneakern und mit einer Bauchtasche. Hipster, Obdachlose, Geschäftsleute, die in Anzug und Krawatte über den Opernplatz schreiten. Viele der älteren Männer tragen Dachmützen aus Stoff und eine Tasche am Handgelenk, die in Polen *saszetka* genannt wird.

In der Kathedrale der Heiligen drei Hierarchen sehe ich, als ich eintrete, um eine Weile die orthodoxe Messe zu verfolgen, einen Mann ohne Beine auf dem Steinboden sitzen. Er lehnt an einer Säule, während alle anderen stehen, zu dem Priester in rot-goldener Robe schauen und sich immer wieder bekreuzigen.

Diese Menschen sind, so denke ich in diesem Moment,

gleich alt wie ich oder älter. In ihren Biografien hat sich, ganz selbstverständlich, die Erfahrung der kommunistischen Epoche eingespeichert. Für sie war diese Erfahrung alltäglich, und sie wirkt in ihnen weiter. Nun leben sie in einem neuen Rumänien, westliche Autos, Starbucks und die Filialen der Citibank prägen das heutige Stadtbild. Aber so wie in Polen, Russland und anderen postkommunistischen Ländern, auch in Ostdeutschland, beziehen sich alle, die ich treffe, selbst wenn sie es nicht aussprechen, auf diese Zeit, sie gehört zu ihrem Leben, selbst in den Biografien der Nachgeborenen.

Es ist merkwürdig, denke ich, dass meine westdeutschen Freunde das ignorieren, kein Interesse für diesen Erfahrungsraum aufbringen, sondern sich eher an den US-amerikanischen Diskursen orientieren. Was die Erfahrung des Totalitarismus mit den Menschen gemacht hat und noch immer macht, können sie sich nicht vorstellen. In Form von korrupten Machtstrukturen und des Nomenklatura-Denkens, aber auch in der Beziehung zur Freiheit, die in der Bevölkerung Osteuropas eine andere ist als in den sogenannten westlichen Demokratien, hat sich der Totalitarismus in die Körper eingespeichert. Die christliche Religion, auf deren Menschenbild die Idee vom Wert des Einzelnen in den europäischen Gesellschaften zurückgeht, stellte im Ostblock eine der treibenden Gegenkräfte im Widerstand gegen den Totalitarismus dar, während sie heute die autokratischen Tendenzen eher unterstützt. Und das Konzept des Individualismus droht, so scheint es manchmal, zu einer bloßen Ressource einer kapitalistischen Profit- und Arbeitslogik zu werden. Meine Freunde, denke ich, verachten die Religion, anstatt sich für sie als Phänomen zu interessieren – es ist ein seltsamer Reflex. Sie halten sich religiösen Menschen gegenüber für geistig überlegen. Das ist erstaunlich und auch dramatisch.

27. Oktober. Smalltalk von Schriftstellern, die viel unterwegs sind. Nach den Lesungen des zweiten Tages habe ich mich mit Jacek Dehnel und Serhij Zhadan auf Polnisch unterhalten. (Serhij spricht Ukrainisch und Russisch, dazu perfekt Polnisch und Deutsch.)

Ich höre mich sagen: In Wrocław habe ich dieses, in Prag jenes, in Ljubljana wieder etwas anderes erlebt. Ich höre: Was macht eigentlich Juri? Wie wurde Olgas Buch in der Ukraine aufgenommen?

Mich ermüdet diese Art des Sprechens schon sehr bald, die oberflächlichen Bekanntschaften, die auf gemeinsame andere oberflächliche Bekanntschaften rekurrieren und sich wie Pollen in den Wind zerstäuben, sobald man am Morgen danach zum Flughafen aufbricht und sich verabschiedet. Und doch berührt mich am Ende das Gespräch mit Serhij Zhadan, der uns erzählt, dass es in Charkiw schwer sei, sich auf das Schreiben von Gedichten zu konzentrieren, während ein paar Kilometer weiter ukrainische Soldaten sterben.

Dein Schreiben, sagte er zu uns, verändert sich, es wird automatisch zu Kriegsliteratur. Vor dem Krieg gibt es kein Entkommen.

Ich unterhalte mich mit Magda, einer Journalistin, die Philosophie studiert hat und immer wieder Etymologien aus dem Altgriechischen in unser Gespräch einstreut. Sie erzählt von ihrer Anstellung bei einem Fernsehsender, in deren Rahmen sie ein fantastisches Gehalt von dreitausend Euro monatlich bekommen und trotzdem gekündigt habe, nachdem sie ein Interview mit dem Putin nahestehenden moldawischen Präsidenten habe führen sollen.

Ich reise jeden Sommer nach Griechenland, sagt Magda. Ihre Tochter heißt Alethea, was, wie sie erklärt, im Altgriechischen «Wahrheit» bedeutet. Kein Sommer ist für mich echt, wenn ich nicht in Griechenland gewesen bin. Diesen Sommer war ich in Portugal, in Italien, aber gegen Ende beschloss ich trotzdem, noch nach Kos zu fliegen, wenigstens für vier Tage. Sonst wäre es kein richtiger Sommer gewesen.

Sie fragt mich, ob ich das Phänomen der verlassenen Kinder in Rumänien kennen würde. Tausende ihrer Landsleute brächen nach Italien, England, Deutschland oder Frankreich auf, um Geld zu verdienen: als Krankenschwestern und Pfleger, Erntehelfer, aber auch Ärztinnen, IT-Spezialisten und andere Akademikerinnen. Sie seien gezwungen, ihre Kinder zurückzulassen, bei den Großeltern oder anderen Verwandten, oft aber auch ganz allein.

Das ist eine große soziale und auch psychologische Last, sagt Magda. Viele Kinder begingen Suizid. Und auch rechtlich gebe es noch keine Lösung. Kinder hätten keinen eigenen Status, so könnten sie, zum Beispiel, in einem Krankenhaus offiziell nicht behandelt werden, weil eine Behandlung eine Unterschrift der Erziehungsberechtigten erfordere.

Ihrem Mann seien als gut ausgebildetem Programmierer viele Stellenangebote von Unternehmen aus Deutschland und England unterbreitet worden. Er verdiene in Bukarest zwar paradoxerweise ganz gut, aber der Lebensstandard, das Gesundheitswesen, das Kulturangebot in den Städten und Gemeinden, die Situation auf den Ämtern und in der Verwaltung etwa seien in Westeuropa nach wie vor viel besser als in Rumänien. Trotzdem hätten sie entschieden, hierzubleiben und auf die Angebote aus dem Westen zu verzichten, wegen ihrer Tochter. Sie solle ihr Zuhause, ihre Freundinnen und Freunde nicht aufgeben müssen.

Dann erzählt Magda von einer sehr guten Freundin, einer Griechin, auf Kos. Es sei komisch, sagt sie, aber die Griechen lernten in der Schule gar kein Altgriechisch. Sie würden oft ihre eigenen Namen nicht verstehen. Einer ihrer Freunde, Antanas, wisse nicht, dass er der Mann sei, der nicht sterbe. Ob ich mir das vorstellen könne?

Magda und die moldawische Schriftstellerin Tatiana Țîbuleac sprechen davon, dass am Wochenende Kyrill, der Patriarch aus Moskau, Bukarest besuchen werde.

It's strange, sagt Tatiana, we are wondering what he wants. In times of a new Russian expansion you never know.

Ist die orthodoxe Kirche Rumäniens von der russischen nicht unabhängig?, frage ich.

Eben, sagt Magda. Deshalb sei der Besuch ja so merkwürdig.

Sie will das gestern mit Serhij Zhadan aufgenommene Interview noch heute veröffentlichen.

Er schimpft, sagt sie, in neunzig Prozent des Gesprächs über Putin, und ich hoffe, dass jemand aus der Politik das Interview lesen und darauf reagieren wird. Es ist ein für mich sehr wichtiges Signal, sagt Magda, dass ein ukrainischer Dichter und Aktivist in den freien rumänischen Medien zu Wort kommt.

Wir sprachen dann noch über die bis heute spürbaren Auswirkungen des Schismas von Konstantinopel von 1054. Über die obrigkeitshörigen Patriarchen, die sich traditionell, schon seit der Zeit des östlichen Römischen Reichs, der staatlichen Autorität unterordneten.

Deshalb dürfe Putin sich heute als Messias fühlen, und Moskau sei für die Gläubigen das Dritte Rom, sagte Magda. Ganz Russland habe quasi eine religiöse Mission. Demgegenüber stünden, angefangen im westlichen Römischen Reich bis in die Neuzeit, die katholischen Päpste, die von den weltlichen Herrschaftsinstanzen weitgehend unabhängig, ja, als «Stellvertreter Gottes auf Erden» sogar mächtiger als diese gewesen seien. Im Westen, sagte Magda, konnten Aufklärung und Säkularisierung aufgrund der Trennung von geistiger und weltlicher Macht besser Fuß fassen und tiefere Wurzeln schlagen, was heute in den einigermaßen säkularisierten politischen Realitäten in den europäischen Staaten zum Ausdruck komme.

Bis auf vielleicht Polen, denke ich, aufgrund der identitätsstiftenden Rolle der Kirche während der polnischen Teilungen im 18. und 19. Jahrhundert und während der Unterdrückung im Kommunismus.

Magda schloss damit, dass der Einfluss der orthodoxen Kirche allerdings auch in Rumänien immer größer werde und sich zeigen müsse, ob die Zivilbevölkerung dem werde standhalten können.

28. Oktober. Timişoara als literarische Stadt. Gestern Abend besuchte ich im Rahmen des Festivals eine Lesung von neun Dichterinnen und Dichtern im Stadttheater. Neun Leute, die in sechs verschiedenen Sprachen lasen, die Texte wurden auf eine riesige Leinwand in ihrem Rücken projiziert, rumänische Übersetzungen aus dem Serbokroatischen, Slowenischen, Ungarischen, Polnischen, Russischen und Ukrainischen. Und all diese Sprachen erklangen im Raum des Stadttheaters.

Plötzlich eine Insel aus Bedeutung und Weltweite, als Jacek Dehnel zu lesen begann. Für mich war der Moment des Verstehens wie ein Schock, wie ein Gewaltakt. Dazu die Melodie, der Rhythmus, das Pathos der Sprache eines polnischen Dichters, die Brutalität seines Vokabulars, das von Krankheit, auf Mechanik reduzierten Körpern und Psychen und von kosmischer Leere, aber auch von der Schönheit der Welt erzählte. Der postmoderne Dichter, der seine romantische Prägung – die, denke ich, mit Mickiewicz oder Norwid in die polnische Sprache bis in ihre grammatikalischen und lexikalischen Hinterwinkel eingeschrieben ist – nicht loswerden kann. Aber auch nicht den damit verbundenen Optimismus. Selbst wenn seine Gedichte die Welt nach Wikipedia, die Welt der Quarks, der körperlichen Einschränkungen, des Krebstods, der gesellschaftlichen Unterdrückung von homosexueller Liebe bis in ihre Verästelungen hinein ausbuchstabierten, hatten sie etwas Altertümliches, Gutgläubiges, Manieriertes auch, Katholisches eben. Sie waren auf der Höhe ihrer Zeit (in der die Erfahrungen des 20. Jahrhunderts nachwirkten), aber irgendwie doch voller Zuversicht.

Nach dem Abendessen unterhielt ich mich mit Vlad Leac, einem Autor der jüngsten Generation aus Bukarest, über Computerspiele und 3-D-Brillen, *Wolfenstein, Assassin's Creed.* Die Narrative, die den Spielen zugrunde lägen, sagte Vlad, würden immer intelligenter und komplexer – wie in Romanen. Und die Grafik werde immer realistischer und atmosphärischer.

Ich möchte vielleicht wirklich, dachte ich wieder, eine Playstation kaufen.

Es wäre eine gute Abwechslung zu deiner Seriensucht, sagte Vlad freundlich.

Andererseits hatte ich nächstes Jahr, so dachte ich dann, eigentlich mehr Gegenwartsliteratur lesen wollen. Dan Lungu, Serhij Zhadan, Jurij Andruchowytsch, Jacek Dehnel, Olga Tokarczuk, Gabriela Adameşteanu, Magda Szabó standen schon lange auf meiner Liste. Und mehr Lyrik. Europa ist ein Marktplatz mit zu vielen Sprachen. Ein Rohbau, um dessen Parterre herum man ein Jahr lang reisen müsste, wollte man alle Buchhandlungen hinter den Schaufenstern besuchen und alle zum Verkauf stehenden Bücher lesen. Und das müsste man, wenn man vorhätte, bald mit dem Bau des ersten Stockwerks zu beginnen. Ein Stockwerk würde dann auch reichen, dachte ich, höher hinaus sollte man nicht wollen. Es müsste ja «um Gottes willen» kein Turm werden, ein europäischer Bungalow mit gleich großen Wohnungen würde vorerst ausreichen.

In Deutschland (in dem Teil ohne die kommunistisch-totalitäre Erfahrung) herrscht oftmals die Ansicht, dass allein wirtschaftliche Entwicklung Populismus verhindern könne. Und natürlich ist die Ökonomie nicht irrelevant, denn das körperliche Überleben ist für die meisten Menschen wichtiger als Freiheit. Aber man versteht nicht, dass in den europäischen totalitären Systemen die Menschen nicht am meisten unter Armut und mangelndem Lebensstandard gelitten haben. Viel entscheidender waren die Entwürdigungen und moralischen Dilemmata. Die Menschen wurden nicht wie Menschen behandelt. Geistige Unfreiheit, ein Leben in Angst vor den Nachbarn, vor den Institutionen, die Machtlosigkeit im Alltag gegenüber der Willkür der Staatsmacht, personifiziert durch kleingeistige Beamte, Schläger, Dummköpfe, die Unfähigkeit, diejenigen, die man liebte, vor diesen Leuten zu schützen – sie glücklich zu sehen. Die Tatsache, dass man jederzeit in ein Gefängnis gesteckt werden konnte, wenn man sich nicht selbst schuldig machen wollte.

Auf diese Sphäre, dachte ich, bezieht sich der Wunsch nach Freiheit und Würde. Es ist deshalb einseitig, zu glauben, dass die Leute nur besser verdienen müssten, und schon wäre alles geritzt. Wenn es um die mobilen osteuropäischen Arbeiterinnen und Arbeiter auf den Feldern, in den Fabriken und in den Pflegezimmern Westeuropas geht, dann geht es auch um den potenziell unwürdigen Zustand, sich in der Fremde mit körperlicher Arbeit verdingen zu müssen, während man in seinem Heimatland vielleicht studiert hat, um die psychologischen Degradierungsmechanismen, die zu diesem Ost-West-Gefälle seit dreihundert Jahren Kolonialismus und Postkolonialismus dazugehören, um das Bild des lebenslustigen, arbeitsamen, ungebildeten und erzreligiösen, also nicht aufgeklärten Osteuropa-Menschen, das in den westlichen Köpfen bis heute verankert ist.

29. Oktober. Vor einem Beautysalon an einer Ecke am Rand der Altstadt steht eine ältere Frau. Auf den ersten Blick sehe ich, dass sie müde ist, mit aufgedunsenem Gesicht und toupiertem, dünnem Haar, sie trägt eine graue Jogginghose. Sie steht vor der Tür des Salons und raucht, wartet vielleicht auf ihren Termin, hinter der Scheibe hängt eine rosa Jacke an einem Kleiderständer. Die Frau wirkt abgearbeitet und irgendwie traurig, ihr Gesicht ist fahl, der Blick leer.

Mein erster Gedanke ist, dass sie den ganzen Tag irgendwo arbeitet. Sie ist vielleicht Mutter, will sich beim Friseur schön machen, hofft darauf, dass auch sie schön sein kann, dass auch sie besonders ist, geliebt wird. Sie lebt ihren Alltag, erzieht ihre Kinder, wie sie hofft, zu guten Menschen und will für sie die bestmögliche Zukunft gestalten.

In einem pathetischen Moment bin ich, während ich an ihr vorbeigehe, ganz auf ihrer Seite. Ich wünsche ihr, dass es, falls sie denn tatsächlich gleich einen Termin hat, jemanden in ihrem Leben gibt, der heute Abend bemerken wird, dass sie neu, anders, schön aussieht.

Auf dem großen Hauptplatz der Stadt drei junge Männer in wehenden schwarzen Priesterroben. Sie gehen von einer Kirche zur Mitte des Platzes und stellen sich mit dem Rücken zu mir auf, einer zeigt auf die Fassaden der alten österreichischen Bürgerhäuser, sie unterhalten sich. Ein anderer trägt eine Aktentasche.

Gestern im Theater unterhielt ich mich mit einem etwa sechzigjährigen Ehepaar, das bei allen Lesungen des dreitägigen Festivals, auch bei meiner, in der vordersten Reihe saß. Die Frau zitierte irgendwann, während das Gespräch auf die Idee Europa kam, Cicero: «Ubi bene, ibi patria.» Wo das Leben gut ist, da ist zu Hause, übersetzte sie für mich.

Vielleicht, sagte sie dann, ist das einfach und naiv von mir, aber ich denke oft an diesen Satz, den ich noch aus der Schule erinnere.

Am letzten Abend, auf dem Rückweg durch den Park vor dem Hotel, gehe ich über gelbes Laub. Auf fast jeder Parkbank sitzt, im schwachen orangefarbenen Lichtkegel der Laterne, ein Paar in der feuchten, noch nicht ganz winterkalten Abendluft, steckt die Köpfe zusammen, unterhält sich leise, hält sich im Arm, malt sich vielleicht die gemeinsame Zukunft aus.

Die kühle Herbstluft, der dunkle feuchte Park, die geisterhaften Konturen der Bäume und die Lichtinseln hier und da, in denen geküsst, geplant, diskutiert, sich gegenseitig Liebe geschworen wird, lösen in mir ein Gefühl von Beruhigung aus, lassen mich daran denken, dass die Menschen im Leben eigentlich gar nicht viel brauchen.

Budapest (2017)

Ankunft. Existiert das alte Mitteleuropa noch? Ich lese Milan Kunderas Essay «Un Occident kidnappé». Existiert noch dieser geistige Raum, der unter der Habsburgermonarchie entstanden war und dessen Bewohnerinnen und Bewohner am meisten unter dem Zweiten Weltkrieg zu leiden hatten, von Stalin «gekidnappt» und vom Westen bei den Konferenzen von Jalta und Potsdam, so Kundera, im Stich gelassen wurden?

Timişoara, damals Temeswar, oder die kleinen Städte in der Bukowina, von wo Paul Celan kam. Oder das einstige Lemberg und andere Orte in Galizien, in denen Mascha Kaléko oder Bruno Schulz lebten. Aber auch die Städte im heutigen Belarus oder Litauen, das alte Sarmatien. Auch von diesen Orten schreibt Kundera und konstatiert mit Blick auf die emanzipatorischen Bewegungen in den Gesellschaften Polens, der Tschechoslowakei, Jugoslawiens, der Ukraine, Lettlands oder Ungarns am Ende der 1980er-Jahre, es seien die kleinen Nationen Europas gewesen, in denen der Geist des Widerstands und der Freiheit noch lebendig war, anders als in den westlichen Gesellschaften, deren Bürgerinnen und Bürger den Begriff der Freiheit eher mit Konsum und freier Marktwirtschaft verbinden.

Wie sieht diese Welt heute aus?

In der Gepäckabfertigung des Liszt-Ferenc-Flughafens fiel mir als Allererstes die Art auf, wie sich die Leute hier kleideten, nicht ärmer oder reicher, nicht besser oder schlechter, nur eben anders, als wäre die Mode *in sich* genauso differenziert wie in Berlin oder anderswo, aber *an sich* leicht verschoben. Ich glaubte, mehr Pastellfarben auf den Winterjacken der Frauen festzustellen und etwas futuristischere Winterschuhe bei den Männern (mehrmals sah ich olivgrüne Schnürstiefel mit Sohleneinsätzen aus einem Gelmaterial, wie es, so schien mir, vielleicht auf dem Mars relevant sein würde). Ich hatte mir jüngst eine Outdoorjacke gekauft, weswegen sich mein Blick für diese Art von Kleidung in letzter Zeit geschärft hatte.

In der Ankunftshalle wurden wir schon erwartet. Während der Fahrt zu unserer Unterkunft telefonierte der Fahrer mit einem Handy, ein anderes hatte er links neben dem Lenkrad in eine Halterung gespannt. Rechts des Lenkrads war auf einer weiteren Halterung ein iPad befestigt, auf dem unsere Route zu sehen war. Wenn er nicht telefonierte, googelte er etwas in dem auf einem Knie abgelegten Telefon. Sein Fahrstil war trotzdem und obwohl es regnete und die Lichter des Gegenverkehrs ihn blenden mussten, sicher.

Die Stadt. Am Morgen holte ich mir einen Espresso in einer Espresso-Bar in unserer Straße und ging Richtung Fluss los. Am Ufer joggte ein Mann in neongelbem Shirt und schwarzen engen Hosen. Vor einem Zebrastreifen blieb der Fahrer eines weißen SUVs stehen und winkte mich freundlich über die Straße. Vor der Kettenbrücke folgte ich mit dem Blick dem Lauf der Donau bis zu den Bergen, die hinter der Stadt am Horizont halb von Nebel verdeckt waren.

Dorthin fuhren die Stadtbewohner vermutlich an den Wochenenden, dachte ich, um Sport zu treiben, zu wandern und sich zu erholen. Die Reicheren unter ihnen hatten dort vielleicht Häuser. Alles ist, so dachte ich, wie überall in Europa.

Durch einen langen Tunnel querte ich den Burgberg und erreichte einen ruhigeren Stadtteil. Ich betrat einen Park und ging eine Weile darin herum. In einiger Entfernung sah ich plötzlich eine ältere Frau in roter Jogginghose mit einem Hund an der Leine vor einem Gebüsch stehen. Der Park war bis auf uns leer, zwischen den Baumstämmen hing Nebel, die Geräusche der Stadt drangen nur gedämpft zu uns. Ich schaute der Frau im Näherkommen ins Gesicht, um sie anzulächeln und um sie zu grüßen. Aber sie schaute zu ihrem Hund hinunter, mit einer merkwürdigen Verbissenheit in den Gesichtszügen. Ich ging in einem Meter Entfernung an ihr vorbei, drehte meinen Kopf zu ihr. Aber sie schaute weiterhin zu ihrem Hund hinunter, sodass auch ich zu ihm hinunterschaute und im Weitergehen so tat, als hätte ich von Anfang an nur den Hund anschauen wollen.

Strukturen. Ich weiß nichts darüber, wie das Leben und die Arbeit hier organisiert sind. In welches Netz aus Abhängigkeiten, Demütigungen oder Möglichkeiten die Menschen in diesem Land eingespannt sind. Ich urteile über das Verhalten der Frau im Park, aber ich weiß nichts über die Bedingungen, denen sich die Leute hier ausgesetzt sehen. Auch weiß ich nichts darüber, wie sich die heutigen globalen Strukturen und Umstände in die lokalen übersetzen. Ich muss hier nicht zur Post, keine Arbeit suchen oder ausführen, ich muss nichts beantragen, nichts mieten, keine Kinder für die Schule anmelden und den hiesigen Lehrplänen aussetzen.

Das heutige Budapest. Am Tarasz Sevsenko tér, einem kleinen Platz in der Nähe der Donau, steht ein ehemaliger türkischer Hamam mit drei kupfergrünen Kuppeln, in dem heute ein Museum eingerichtet ist. Direkt gegenüber, auf der anderen Seite des Platzes, steht das Szent Flórián görögkatolikus templom, eine katholische Kirche mit gelb getünchter Fassade aus der Zeit der Habsburgermonarchie. In einer der Straßen um unsere Wohnung sah ich eine Synagoge mit verstaubten, teilweise herausgeschlagenen Fenstern, mit Graffiti auf der Fassade, in der noch die Löcher von Kugeln aus dem Zweiten Weltkrieg zu sehen waren.

In einer Straße blieb ich vor einem roten, über dreißig Jahre alten Lancia stehen. Direkt neben ihm parkte ein kaffeebrauner BMW-SUV. Ein paar Straßen weiter kam ich an einem an eine Steckdose angeschlossenen E-Auto vorbei.

Wir befinden uns nicht mehr im 19. Jahrhundert, wie die Prunkbauten und ihr Herausgeputztsein mich als Touristen glauben machen wollen. Es sind die Zehnerjahre des 21. Jahrhunderts. Armut und Elend sind heute etwas anderes. Eine neue Form der Demokratie entsteht.

Am Vorabend, nach unserer Ankunft in der Wohnung, hatte Alice Zeniter, die zusammen mit mir hier zu Gast ist, erzählt, dass sie hier vor sieben Jahren, während ihrer Zeit in Budapest, wohin sie aus Paris zum Studieren gekommen war, mit einem englischen Regisseur am Theater gearbeitet habe. Zur selben Zeit hatte Orbán Quoten für die Stellen im Kulturbereich eingeführt. Seitdem war ein bestimmter Prozentteil der Stellen ungarischen Staatsbürgern vorbehalten. Der englische Regisseur und Alice verloren die Finanzierung und konnten ihre Projekte nicht mehr weiterführen.

Nach der Lesung. Nach unserer Lesung im Palais der Andrássy-Universität sprach mich eine Frau auf Deutsch an, um mir zum gelungenen Podiumsgespräch zu gratulieren. Sie trug ein grünes Barett, einen grünen Wollschal und einen modisch geschnittenen Mantel, war dezent geschminkt. Neben ihr am Tisch standen ihre Tochter und deren Freund, die beide schüchtern lächelten.

Die Mutter begann zu erzählen, dass sie bis vor einer Woche in Budapest als Anwältin für eine österreichische Firma angestellt gewesen sei. Lange Zeit sei die Firma durch die Administration unter Orbán mit immer neuen bürokratischen Schwierigkeiten konfrontiert gewesen. Bis das Unternehmen schließlich aufgegeben habe und zurück nach Wien gegangen sei.

Leider sei sie, sagte die Frau, da sie auf ungarisches Recht spezialisiert sei, nicht dorthin übernommen worden, und so müsse sie nun eine neue Stelle suchen. Aber heutzutage bekomme man eine Stelle als Juristin in Ungarn nur, wenn man die Regierung unterstütze. Oder wenn man wenigstens so tue. Viele Schlüsselstellen seien neu besetzt worden mit Leuten, die der Fidesz-Partei anhingen oder deren Mitgliedern zumindest nicht negativ auffielen.

Ich kenne sehr viele Juristinnen und Juristen, sagte sie, die sich anpassen mussten, weil sie Familie haben. Ich unterrichte jetzt stundenweise Deutsch. Das könnte ich sicherlich ausbauen und auf meinen eigentlichen Beruf verzichten, aber mit dem Deutschunterricht verdiene ich zu wenig.

Die Tochter, die neben ihr stand, sagte, ebenfalls auf Deutsch: Du darfst dir keine Stelle als Juristin suchen.

Ich hatte vorher mitbekommen, dass sie vorhatte, in Berlin zu studieren.

Und wie soll ich dir das Leben in Berlin finanzieren?, fragte die Mutter.

Ich werde dort einfach arbeiten, sagte die Tochter. Ich komme schon zurecht.

Ihr Sohn, erzählte die Mutter, studiere in London, und ein Studium in London sei teurer als in Berlin, ihm könne sie dann auch kein Geld mehr schicken. Es sei sehr schwer, eine solche Entscheidung zu treffen.

Mutter und Tochter lachten verlegen, als befürchteten sie, mich mit ihren Ausführungen zu langweilen. Die Tochter wirkte dabei besorgter als die Mutter. Vielleicht, weil sie nicht auf deren Erfahrungen mit der Diktatur vor 1989 und mit den Jahren der Transformation zurückgreifen konnte. Für die Mutter war Orbáns Demokratie, so dachte ich in diesem Moment, nur ein weiteres neues System, in dem sie sich zurechtfinden musste.

Sie verabschiedeten sich und wünschten mir alles Gute.

Im Gehen berührte mich die Mutter am Oberarm und sagte, ich solle nicht so düster dreinschauen. Ihr Sohn habe nur noch ein Jahr in London vor sich, irgendwie werde es schon gehen.

Péter. Der Schriftsteller und Übersetzer Péter, der auch am Podiumsgespräch in der Andrássy-Universität teilgenommen hatte, sagte während der Diskussion über unsere Ansichten zum heutigen Europa auf eine seltsam verwunderte Art, als fiele es ihm zum ersten Mal auf: Ich lebe zurzeit eigentlich nicht mehr so gern in Ungarn. Es ist seit ein paar Jahren ein anderes Land. Es erinnert mich an die Zeit meiner Jugend, vor der Transformation.

Später zeigte ich ihm ein Plakat, das ich am Vormittag an einer Litfaßsäule fotografiert hatte und auf dem das Gesicht Orbáns in einem Bilderrahmen zu sehen war. Das Gesicht auf dem Plakat zog eine Grimasse.

Péter erklärte, dass es sich dabei um die Werbung für eine regierungskritische Nachrichtensendung handle.

Weißt du, das ist aber auch so eine Geschichte, sagte er. Der Chef dieses Senders, Hír-TV, ist der ehemals beste Freund von Orbán, er heißt Simicska. Er war früher Orbáns Chefideologe und unterstützte ihn mit seinem Medienimperium. Dann haben sie sich gestritten, und nun ist er gegen Orbán. Aber nicht aus politischen Gründen. Er ist einfach nur beleidigt. Das ist irgendwie, sagte Péter, witzig und traurig zugleich.

Wir standen vor dem Palais der Universität, er rauchte eine zweite Zigarette. Er trug einen schwarzen Mantel und darunter ein graues, schief sitzendes Sweatshirt. Es regnete, die Lichter spiegelten sich auf dem Kopfsteinpflaster, auf der anderen Seite des Platzes ragten die Konturen von einem der riesigen Budapester Herrschaftsgebäude in den Nachthimmel.

Mir schien, dass Péter, der schon seit vielen Jahren als Schriftsteller und Übersetzer arbeitete, eine ähnliche Ruhe wie die stellenlose Juristin ausstrahlte. Oder wie meine Eltern, wenn ich mit ihnen über die aktuellen Entwicklungen in Polen diskutierte und sie so darüber sprachen, als sei alles ganz normal, als habe man es eben mit dem Wesen des Menschen zu tun, das in jedem Jahrhundert an jedem Ort wieder zum Vorschein komme.

Café Europa. Beim Gespräch mit dem Philosophen Mihály Vajda habe ich für einen kurzen Augenblick das Gefühl, diese dunkle Entität mit Händen greifen zu können, einen trägen, aber zu großer Gewalt fähigen Körper, der, in egal welchem Jahrhundert, auf egal welchem technischen oder geistigen Entwicklungsstand einer Gesellschaft, wieder hervorbrechen kann.

Mihály Vajda, der als Kind den Holocaust überlebt hat, ehemaliger Hochschulprofessor, Mitglied der Akademie der Wissenschaften, erzählt von Plakaten, auf denen der jüdischstämmige Milliardär George Soros zu sehen sei, Plakate, die auch wir überall in der Stadt gesehen haben. Die antisemitische Propaganda auf diesen Plakaten warnt davor, dass Soros Ungarn an liberale Investoren verkaufen und immer mehr Ausländerinnen und Ausländer ins Land holen wolle, um die «echten» Ungarinnen und Ungarn zu verdrängen.

Die Regierungspartei sei vor Kurzem, sagt Mihály, auf die demokratische Idee gekommen, sogenannte nationale Konsultationen durchzuführen. Jeder Bürgerin und jedem Bürger werde per Post ein Fragebogen zugeschickt, in dem die Meinung zu verschiedenen Themen abgefragt werde. Zum Beispiel: Sind auch Sie der Ansicht, es dürfe nicht sein, dass nach Ungarn jährlich eine Million Migrantinnen und Migranten einwandern, um hier zu leben und Kinder zu bekommen?

Ich frage, welche Verbindlichkeit die Antworten der Leute hätten, was die Regierung mit den Antworten auf solche Suggestivfragen anstelle.

Es gehe nur darum, sagt Mihály, dass in den Nachrichten gesagt werden könne, was die Bevölkerung wirklich wolle – nicht die intellektuelle Elite, sondern die eigentlichen, «echten» Ungarinnen und Ungarn.

Das ist die neue Demokratie, das Volk wird nach seiner Meinung gefragt, sagt er. Ich hatte den Brief gleich ins Altpapier geworfen. Ein paar Tage später klingelte eine junge Frau von der Fidesz-Partei und fragte, ob ich den Fragebogen schon zurückgesendet hätte. Ja, sagt Mihály, die Demokratie wird hierzulande seit Neuestem sehr wichtig genommen.

Péter sagt, dass der Fall eines älteren Mannes bekannt geworden sei, der auf die Frage an seiner Wohnungstür, ob er den Fragebogen ausgefüllt habe, mit Nein geantwortet habe und daraufhin von den beiden jungen Männern der Partei herumgeschubst und geschlagen worden sei. Es stellte sich am Ende heraus, dass der Mann blind war und den Fragebogen gar nicht hatte lesen können.

Nein, mich hat keiner verprügelt, sagt Mihály. Davon

weiß ich nichts. Hier in Budapest lebe ich eigentlich ganz normal. Es gibt Restaurants, Theater, Kinos, die Leute besitzen teure Autos, Touristinnen und Touristen aus aller Welt besuchen die Stadt. Ich kann mich mit Freunden treffen, ich kann spazieren gehen, es gibt viele Geschäfte, genauso wie in Berlin, Paris oder Warschau. Es ist alles ruhig, ich kann schreiben und denken, was ich will. Im Internet kann ich alles lesen und veröffentlichen. Es ist nicht so, dass mir jemand etwas verbietet. Wir Intellektuellen werden in Ruhe gelassen, niemand interessiert sich für uns.

Dass Orbán sich in seiner Heimatstadt ein riesiges Stadion bauen, die Straßen in Budapest umbenennen lässt nach den Nationalhelden der Zwischenkriegszeit, dass er mit Putin befreundet ist und eine russische Firma demnächst zwei Atomkraftwerke in Ungarn bauen wird, stört die Ungarn nicht, sagt Péter.

Der Feind Ungarns ist heute nicht mehr Moskau, sondern Brüssel, sagt Mihály. Nicht Europa, sondern die EU, das «totalitäre Regime» der liberalen Bürokraten.

Helsinki Committee. Ein Mitarbeiter des Helsinki Committee, einer Nichtregierungsorganisation von Anwältinnen und Anwälten, die sich für den Schutz von Menschenrechten einsetzen – ich nenne ihn hier Ádám –, erzählt uns am Nachmittag in den Büros der Organisation die folgende Geschichte:

Ein junger Mann, irgendwo in einer kleinen Stadt auf dem Land, fuhr auf einem Fahrrad mit defektem Licht und wurde von der Polizei angehalten. Da seit einiger Zeit die

Gesetze verschärft worden waren, weil Orbán versprochen hatte, gegen die Kriminalität auf den Straßen vorzugehen, musste der junge Mann hundert Euro Strafe zahlen. Der junge Mann war arbeitslos, weshalb er gerade einen gemeinnützigen «Freiwilligendienst» ableistete, in den Arbeitslose geschickt werden – ebenfalls eine Erfindung der neuen Regierung, um die Arbeitslosen für die Gemeinschaft nutzbar zu machen und um «schmarotzerhafte Untätigkeit» zu verhindern. Für die Ableistung dieses «Freiwilligendienstes» wird der junge Mann monatlich mit etwa hundert Euro entlohnt, sagt Ádám. Nun ist die Situation so, dass der junge Mann entweder die Strafe von hundert Euro zahlen oder für einen Monat ins Gefängnis gehen muss. In diesem konkreten Fall kann der junge Mann das Geld nicht zahlen, weil er monatlich nur hundert Euro verdient. Er hat eine Frau und ein kleines Kind, er braucht das Geld. Es bleibt ihm also eigentlich nichts anderes übrig, als sich dafür zu entscheiden, ins Gefängnis zu gehen. In diesem Monat im Gefängnis würde er dann aber keine hundert Euro verdienen. Hinzu kommt, dass seine Frau keinen Führerschein besitzt, und wenn er sich für das Gefängnis «entscheidet», kann niemand die Tochter in die Schule im Nachbarort fahren. Für einen Monat müsste also die Tochter der Schule fernbleiben, was problematisch ist, denn sorgen die Eltern eines Kindes in Ungarn nicht dafür, dass ihr Kind die Schule besucht, verletzen sie ihre Aufsichtspflicht, ein Fall für das Jugendamt, das Kind würde ihnen möglicherweise weggenommen. Der junge Mann, der ein defektes Licht an seinem Fahrrad hat, sagt Ádám, was soll er tun?

Die meisten Menschen, die mit solchen Fällen zu uns

kommen, sind Roma, erzählt Ádám weiter. Polizistinnen und Polizisten, sagt er, könnten frei entscheiden, wen sie auf einem Fahrrad ohne Licht oder beim Überqueren einer Straße an einer roten Ampel oder an einer Stelle, an der keine Ampel steht, anhalten. Hier in Budapest überquere ich andauernd die Straße, ohne auf Ampeln zu achten. Auf dem Land gibt es Hunderte Dörfer, in denen keine Ampeln existieren, und die Leute, sowohl Roma als auch sogenannte echte Ungarinnen und Ungarn, müssen dort irgendwie über die Straße gelangen. Trotzdem sind es zu über achtzig Prozent Roma, die für solche Delikte belangt werden. Man könnte fast meinen, dass echte Ungarinnen und Ungarn nicht über die Straße gehen.

Während Ádám uns das erzählt, im Besprechungsraum einer zu Büroräumlichkeiten umfunktionierten Wohnung, lächelt er bescheiden. Er drückt sich in gewähltem Englisch aus. Zu Beginn des Treffens hat er uns von der Hetzkampagne der Regierung gegen seine Kolleginnen und Kollegen erzählt, von den rechtlichen Hürden, die allen «ausländisch finanzierten» Privatorganisationen seit einem halben Jahr gestellt werden.

Wir haben darüber diskutiert und beschlossen, sagt er, uns nicht, wie seit Neustem verlangt, zu registrieren, und unsere Finanzierungsquellen nirgends aufzulisten, auch wenn wir dadurch Probleme bekommen. Die geforderten bürokratischen Handlungen sollen uns von der eigentlichen Arbeit abhalten. Wir sind zwanzig Mitarbeiterinnen und Mitarbeiter und haben monatlich 1600 Klientinnen und Klienten, die meisten sind Kriegsgeflüchtete aus Syrien, dem Irak oder Afghanistan, die in den Lagern an der Grenze einen Asylantrag stellen. Oder eben Roma. Unsere

Zeit ist besser investiert, wenn wir sie diesen Menschen zur Verfügung stellen, findet ihr nicht?

Die jungen Dichterinnen und Dichter. Beim Treffen mit Autorinnen und Autoren des József-Attila-Kreises, der Vereinigung junger Dichterinnen und Dichter Ungarns, erzählte die Lyrikerin Zsófia von den Problemen im Bereich des Publizierens, das insbesondere für junge, noch unbekannte Schriftstellerinnen und Schriftsteller fast unmöglich geworden sei. Kein Verlag habe genug Geld, um in sie zu investieren.

Réka, Dichterin und Prosaautorin, erzählte von einem MentorInnennetzwerk, das sie auf ehrenamtlicher Basis gegründet hätten und in dessen Rahmen 160 ihrer Mitglieder Schülerinnen und Schüler und junge Schreibende für ein Jahr bei ihren Projekten begleiteten. Das Projekt sei als Reaktion auf eine Initiative der Regierung entstanden, sagte Réka und klang dabei nicht wütend, sondern fokussiert und problembezogen.

Es ist nämlich vor Kurzem eine regierungsnahe Akademie gegründet worden, erklärte Bálazs, der sich als Schriftsteller ebenfalls im Attila-Kreis engagiert. Sie bestehe aus sechzehn Schriftstellern und Schriftstellerinnen, die dreißig Studierende begleiten sollen, allesamt Leute, deren Gesinnung den Vorstellungen der Fidesz-Partei entspreche.

Die Regierung habe dafür viel Geld bereitgestellt, sagte Zsófia. Als Nächstes sei eine ähnliche Akademie für JournalistInnen geplant. Es ist klar, was das für den Journalismus und für die Kunst bedeutet.

Dávid, ein junger Lyriker, der die ganze Zeit über still dagesessen hatte, erzählte mir später, als die anderen schon gegangen waren, dass er Kinder von Geflüchteten unterrichte und dass seine Eltern ihn dafür ständig kritisierten. Diese Migranten, sage sein Vater, sind noch schlimmer als die Roma oder die Juden. Ja, so ist das, sagte Dávid und lächelte mich entschuldigend an.

Ich sagte, dass man so etwas heute leider überall in Europa zu hören bekomme und in Deutschland sowieso.

Er zuckte die Achseln, es tröstete ihn nicht.

Er hatte, während wir uns unterhielten, angestrengt nach deutschen Wörtern gesucht, seinen Vater «Vati» genannt und mich gesiezt.

Ich schämte mich auf einmal dafür, dass ich kein Wort Ungarisch verstand, während er, als wäre das selbstverständlich, Deutsch lernte.

Die Bar. Weil es unser letzter Abend ist, will Péter uns eine Bar zeigen, die in Budapest schon seit den 1970er-Jahren existiert. Cafés und Restaurants in den Parterres beleuchten die nächtlichen Straßen, als wir durch das Viertel gehen, in dem die Bar liegt. Man erahnt im Halbdunkel Graffiti an den abblätternden Fassaden. Wir passieren einen Imbiss, vor dem eine Gruppe angetrunkener und lachender Jugendlicher steht.

Der einzige Gast im Gewölbekeller der Bar, in die wir kurze Zeit später hinabsteigen, ist ein Australier, der mit der Wirtin Ungarisch spricht. Über der Theke hängt neben der Mauervertiefung fürs Kellerfenster ein riesiges Schwarz-Weiß-Foto in einem Rahmen. Es zeigt das Gesicht eines Mannes, der, wie Péter erklärt, nachdem er unsere

Getränke bestellt hat, der früh verstorbene Ehemann der Wirtin ist.

Er hat Tränen in den Augen, als er um elf Uhr aufsteht. Er muss den letzten Zug erwischen.

Ich würde gerne die ganze Nacht mit euch weitersitzen, sagt er, aber ich muss morgen einen Auftragstext schreiben. Ich muss irgendwann wieder arbeiten. Es war schön, dass ihr hier wart.

Er hebt die Hand, macht sich auf zur Treppe, man sieht nur noch seine Beine, dann ist er verschwunden.

Opole–Wrocław (2018)

Opole, 6. Oktober. In der Zeitschrift *Polityka* schreibt Jacek Żakowski, Europa und die USA seien in eine Epoche der Volksdemokratie eingetreten, die Zeit der liberalen Demokratien, die im Westen über siebzig Jahre lang funktioniert hätten, sei vorbei. Aus der Erfahrung, dass alle Krisen des ökonomischen Systems nicht von den sie verantwortenden Eliten, sondern von den schwächsten und am härtesten arbeitenden sogenannten kleinen Leuten ausgebadet würden, die sich in einem subjektiven Zustand des Kontrollverlusts gegenüber den globalen Zusammenhängen wiedergefunden hätten, sei über die Jahre erneut das Gefühl erwachsen, dass die Eliten sich nicht um die Belange der Menschen scherten. Im neuen Humus der sogenannten sozialen Medien habe sich die Wut zu einem Aufstand kondensiert, zu einem «Egal wie es weitergeht, so nicht mehr! Ein radikaler Wandel muss her, es geht um uns!»

7. Oktober. Ich bin wieder in Opole. Im Fernsehen zwei Versionen der Welt, je nachdem, ob man die Nachrichten auf einem privaten oder einem staatlichen Sender anschaut.

Meine Oma sitzt in ihrem Sessel und verfolgt zunächst die einen, danach die anderen, da sie jeden Abend zeitlich versetzt ausgestrahlt werden. In den privaten wird die «Befragung» des früheren Premiers Tusk in der *Causa Amber Gold* als Schauprozess entlarvt (während Tusks Amtszeit hatten Tausende Sparer ihr Geld bei dem polnischen Investmentfonds desselben Namens verloren). In den staatlich kontrollierten triumphiert kurz darauf die Kommission mit angeblichen Beweisen, die Tusks Unzulänglichkeit belegen. Es kommt sogar ein Geschädigter zu Wort, ein älterer Herr, der im Zeugenstand weinend Auskunft darüber gibt, wie er für seine zwei geliebten, leider körperlich und geistig eingeschränkten Kinder eine Geldanlage für die Zukunft habe ansparen wollen, für die Zeit, da es ihn nicht mehr geben werde und sie von etwas leben müssten. Um diese Zukunft habe Tusk seine Kinder betrogen. Wie es wirklich gewesen ist, bleibt unklar. Der Zuschauer soll vor allem auf der emotionalen Ebene angesprochen werden.

In den privaten Nachrichten werden die Stimmengewinne von Tusks Partei «Bürgerplattform» im Rahmen der Regionalwahlen ins Zentrum der Berichterstattung gerückt, nämlich in den Städten. In den staatlichen tritt Kaczyński mit der Message auf, die Wahlen seien ein riesiger Erfolg in den Regionalparlamenten und den kleinen Gemeinden gewesen, seine Partei PiS sei der unangefochtene Sieger der Wahl.

Beide Parteien sind immer die Siegerinnen von allem.

Ich gehe durch die Stadt, und alles ist mir so vertraut, fast privater, als ich es mir selber bin – das sozialistische Schulgebäude, das Zoogeschäft, in dem wir damals ein

Aquarium gekauft haben, gegenüber der Klinik in der Ulica Reymonta, in der ich geboren wurde, sogar die Gesichter und die Art und Weise, wie die Menschen gekleidet sind.

Das bin ja alles ich, denke ich. Von hier komme ich, auch geistig. Aus dieser Provinz, die doch auch überraschend weltoffen sein kann, zum Beispiel, wenn mein Onkel und meine Tante und ihre Freunde sich organisieren, um gegen dieses oder jenes Vorhaben der PiS zu demonstrieren, wenn sie von der EU sprechen, der sie sich absolut zugehörig fühlen, wenn ich den alten Kampfgeist aus den Tagen der Solidarność in ihrem Reden spüre, auch hier, in dieser kleinen, verschlafenen Stadt, die keine und keiner meiner Freundinnen und Freunde im Westen kennt, in der nie jemand von ihnen gewesen ist.

Dann wieder ist mir das alles so fremd, scheint mir so weltvergessen. So möchtegern-modern und -mondän, und dabei so gefangen in diesem nationalen Rahmen. Etwa die Diskussionen über die Festlichkeiten zum Unabhängigkeitstag am 11. November, über die Konflikte auf der Welt und darüber, was Rassismus sei oder nicht. Dass diese oder jene Kultur so oder anders sei, die Polinnen und Polen aber seien tüchtig, ehrlich, sparsam etc.

Und dennoch gab und gibt es in Polen die europäische Hochkultur, den weltoffenen, demokratischen Geist. Es gibt Hunderttausende, die mit der Organisation «Allpolnischer Frauenstreik» auf die Straße gehen, die für die Rechte von Minderheiten, für die Unabhängigkeit von Medien und Gerichten kämpfen, gegen Populismus und Faschismus.

Davon kann man in Deutschland eigentlich nur träumen, denke ich, wo man gar nicht richtig merkt oder merken will, wie der Faschismus langsam die Gesellschaft unterwandert.

Wrocław, 11. Oktober. Worüber sie ihr nächstes Buch schreibe, frage ich Olga Gitkiewicz nach unserer Lesung zum Thema Arbeit in der Niederschlesischen Bibliothek am Rathausplatz in Wrocław.

Es gehe um das Verkehrswesen oder eigentlich um Mobilität, sagt sie. Darum, dass es in Polen zwar die modernsten Niederflurbusse und Superschnellzüge gebe, auf dem Land aber keine Straßen und keine Schienen.

Ich bin für den Zweck meiner Recherchen, sagt sie, in die Bieszczady umgezogen, ganz in den Südosten an die ukrainische Grenze, in einen Teil der Karpaten. Ich habe mein Auto verkauft und bewege mich nur mit den öffentlichen Verkehrsmitteln. Aber in den Bieszczady kommt man ohne Auto nicht sehr weit. Es verkehren keine Busse, es existieren keine Bahnhöfe. Wer kein Auto besitzt, kann nur in seinem Dorf bleiben. Das ist die Realität im Jahr 2018. In Warschau schweben die modernsten U-Bahnen und Straßenbahnen beinahe geräuschlos durch perfekt renovierte Straßen – auf dem Land, aber auch in den Kleinstädten, fährt ein einziger Bus täglich. Oder gar keiner.

Ich frage, ob die Regierung in dieser Sache etwas unternehme.

Paradoxerweise unternehme diese neue Regierung jetzt etwas dagegen, sagt Olga. Paradoxerweise, weil es eigentlich ja eine rechtskonservative Regierung sei, die eine nationalistisch-faschistoide Ideologie verbreite, man sie also ablehnen müsse. Aber sie verhalte sich auf einigen

Ebenen eher sozialdemokratisch. Es sei das ArbeitnehmerInnen-Gesetz novelliert worden, es gebe einen besseren Versicherungsschutz, ein Mindestlohn sei eingeführt worden. Und die Regierung nehme den Ausbau von Straßen und Schienenwegen im ländlichen Raum in Angriff. Oft auf eine ziemlich unfähige, propagandistische Weise, und vieles werde vielleicht auch nur zu Imagezwecken unternommen. Aber bei diesen Aktivitäten finde man tatsächlich auch sinnvolle Ansätze.

Nach dem Podiumsgespräch spricht mich der Student Radek an, auf Deutsch. Obwohl ich immer wieder versuche, ins Polnische zu wechseln, antwortet er weiter auf Deutsch, lässt sich nicht beirren, sodass ich, wie immer, sofort glaube, es liege an meinem Polnisch.

Zweifelsohne haben wir in unserem Kurs auch Becker gelesen, sagt er. Aber auch Radek Knapp und Sie.

Er ist klein und schmächtig, hat wirr vom Kopf abstehendes Haar und lächelt, wenn er etwas sagt, schüchtern, nickt dabei immerzu.

Zweifelsohne werde ich noch mit runterkommen und ein Glas trinken, sagt er, nachdem ich ihn gefragt habe, ob er mit zum kleinen Empfang im Lesesaal der Bibliothek mitkommen wolle, und er, obwohl der Empfang öffentlich ist, seltsam überrascht über die Einladung wirkt. Wieder lächelt er schüchtern, er nickt und deutet schließlich halb ironisch mit zusammengelegten Handflächen eine Verbeugung an.

Während ich mich mit anderen Leuten unterhalte, steht er etwas verloren neben dem Buffet herum. Er geht die Reihen der Regale ab und schaut sich die Buchrücken an.

Ich frage ihn, ob er nach dem Bachelor- auch den Masterabschluss absolvieren wolle.

Ich will so lange wie möglich studieren, sagt er. Ich habe furchtbare Angst vor dem Arbeitsmarkt, deshalb bin ich hier, auf dieser Lesung – es gehe schließlich um das Thema Arbeit.

Du sprichst perfekt Deutsch, sage ich, wird es in deiner Familie gesprochen?

Oh, wirklich? Danke sehr, sagt er und wirkt wieder seltsam überrascht und glücklich und verbeugt sich. Das freut mich zweifelsohne sehr, bei uns wird kein Deutsch gesprochen. Es gibt keine einzige Spur von deutscher Abstammung in unserer Familie.

Kurz bevor L. und ich uns verabschieden, stehen wir mit Olga Gitkiewicz und ihm an einem Stehtisch, es stellen sich auch eine Lehrerin und Jacek Antczak, der Moderator des Abends, zu uns. Als Olga von ihrem neuen Buch erzählt, sagt Radek, der Student, dass er aus dem niederschlesischen Lubin stamme, wo es tatsächlich keinen Bahnhof gebe. Das müsse man sich vorstellen, eine Stadt von 70 000 Einwohnern, und erst im Jahr 2018 sei der Plan gefasst worden, einen Bahnhof zu bauen.

Jacek und Olga versuchen, auf den Titel des Buchs eines bekannten Journalisten zu kommen, der Reportagen über Schlesien geschrieben hat.

Der Student nennt einen Titel.

Jacek Antczak verneint, aber dann googelt er, und es ist doch dieser Titel.

Der Student Radek sagt, er besitze alle Bücher des besagten Autors, und zeigt mit ausgebreiteten Armen die Länge einer Buchreihe.

Du hattest recht, sagt Jacek Antczak.

Der Student verbeugt sich. Dann geht er wieder die Buchreihe im Buchregal ab, anscheinend vollkommen unbeteiligt.

TEIL 3

In der Sonnenstadt geboren

Tjumen (2018)

21. Oktober. An der Passkontrolle beim Check-in in Berlin fiel mir ein chinesisch aussehender Mann vor mir in der Schlange auf. Er trug einen schwarzen Mantel und einen runden, steifen Herrenhut auf dem Kopf, dazu einen Siegelring mit schwarz glänzendem Stein am kleinen Finger.

Nun sitzt er mir im Boarding-Schalter-Bereich gegenüber, die Aktentasche hat er auf den Knien abgestellt. Neben dem Schalter für den Flug nach Moskau befindet sich der Schalter für den Flug nach Ulan-Bator.

Berlin, so denke ich, liegt sehr weit im Osten.

Im Flugzeug erfasst mich dann wieder diese Klarsicht. Während die Leute um mich ihre Plätze suchen, sich setzen, versuchen, das Gepäck über sich zu verstauen, meine ich, nur noch die russische Sprache um mich herum zu hören, und sofort habe ich das Gefühl, mich in den Geltungsbereich eines gänzlich anderen Narrativs von Geschichte und Gegenwart hineinverirrt zu haben.

22. Oktober. Das Halbdunkel im Inneren der Auferstehungskirche des heiligen Georg, unter der Brücke, direkt am Fluss. Diese hohen Steinkuppeln, unter denen eine uralte Feuchtigkeit hängt, und die Art, wie die Heiligen auf den goldenen Bildern in dieses kellerartige Zwielicht schauen – auf mich und die alte Frau hinter der Theke mit den Devotionalien, den Konterfeis der Patriarchen, von Jesus, Maria, des heiligen Georg. Ich fühle mich in dieser halbdunklen Stille, als befände ich mich in den Katakomben unter Rom, wo sich die ersten Christen trafen.

Zurück an der frischen Luft frage ich meine Gastgeberin, die ich hier Mascha nenne und die mich am Vormittag in der Stadt herumführt, ob sie etwas von der Abspaltung des ukrainischen Patriarchats vom russischen mitbekommen habe, das Bartholomäus I. vor ein paar Tagen offiziell erlaubt haben soll. Ob diese Nachricht in Russland derzeit präsent sei?

Mascha sagt, dass dies vor allem die Politik anbelange, nicht so sehr das Leben von gläubigen und erst recht nicht von nicht gläubigen Russen. Ich interessiere mich nicht so sehr für Politik, sagt sie.

Mascha würde gerne, wie sie mir erzählt, irgendwann auf die Krim ziehen. Dort ist es warm, sagt sie. Die Natur ist sehr schön. Man kann dort gut leben, das Meer ist nicht weit. Vielleicht werde ich dort irgendwann eine Wohnung kaufen, und selbst wenn ich in einem Café oder Restaurant arbeiten müsste, wäre es ein schönes Leben.

Ihr Onkel sei sehr reich gewesen, erzählt sie. Er habe ein Haus auf der Krim besessen, am Meer, inmitten der schönen Natur, von diesem Haus kenne sie aber nur Fotos. Der Onkel sei früh verstorben, Anfang der 1990er-Jahre. Ich wisse vielleicht, dass es in Russland damals, nach dem Zusammenbruch der Sowjetunion, große Probleme mit der Kriminalität gegeben habe, das Land habe sich am Abgrund befunden. Menschen wurden einfach gekidnappt, Banden hätten dann von den Familien Lösegeld erpresst, andere seien auf offener Straße verprügelt worden. Viele Menschen, sagt Mascha, hatten keine Arbeit, Kinder wuchsen in Armut auf, es habe viel Prostitution gegeben.

Eine Frau habe sich das Haus des verstorbenen Onkels einfach unter den Nagel gerissen. Sie hatte, noch aus früherer Zeit, Kontakte und Bekanntschaften zum Gericht und in die Regionalverwaltung, und so habe sie das Haus sehr billig kaufen können. Diese Frau hat alles rechtlich abgesichert, sagt Mascha. Sie hat Urkunden erstellen, alles offiziell genehmigen lassen. Alles ist gestempelt und unterschrieben. Keine Chance, das Haus zurückzufordern.

Heute, meint sie, wäre so etwas in Russland nicht mehr möglich.

Jedenfalls besitzen wir heute leider kein Haus mehr auf der Krim, sagt sie nach einer Pause. Man müsste dort eine Wohnung kaufen. Aber die Preise seien nicht viel anders als, beispielsweise, in Italien.

Ob sie Bedenken habe, was den völkerrechtlichen Status der Krim und die widerrechtliche Annexion anbelange, will ich gar nicht erst fragen. Ob sie sich keine Fragen zum Krieg im Donbass stelle. Es erscheint mir in diesem Moment, da wir Richtung Innenstadt gehen, an einer baufälligen «Bania», einem alten Badhaus, vorbei, dessen Abriss, wie sie mir erzählt, von zwei nackten Aktivisten und von Bürgerprotesten vorerst verhindert worden sei, irgendwie aussichtslos – auch für Mascha scheint es längst Realität zu sein, dass die Krim jetzt wieder russisch ist. Das Haus des Onkels mag verloren sein, dorthin umzuziehen ist für sie eine reale Option.

Eine meiner Freundinnen ist Grafikdesignerin, sie fotografiert viel, erzählt sie, als wir weitergehen. Im Sommer gehen wir oft hier am Ufer spazieren, sie kennt viele schöne Winkel.

Wir bleiben stehen, sie zeigt mir auf ihrem Telefon Fotos, die die Freundin gemacht hat. Leute in einer Wiese, im Vordergrund eine Hand mit einem übergroßen Gänseblümchen. Ein von Algen rot gefärbtes Seeufer irgendwo bei Jekaterinburg. Es sind alles Motive, die seltsam weltabgewandt auf mich wirken. Seltsam ästhetisiert.

Auf der «Brücke der Verliebten» über den Fluss Tura dann ein Missverständnis. Drei Marinesoldaten fotografieren sich gegenseitig. Ich frage Mascha, ob wir ihnen anbieten sollen, ein Foto von ihnen zu machen, und sie glaubt, ich wolle mich mit ihnen fotografieren lassen.

Die Soldaten sind sofort einverstanden. Alle drei sind sehr jung, höchstens zwanzig Jahre alt, sie erzählen, dass sie aus Murmansk am Weißen Meer kommen, sich hier im Rahmen einer Konferenz aufhalten und gerade Landgang haben.

Mascha fotografiert uns. Ich löse das Missverständnis nicht auf – es existiert ja, während wir zu viert am Geländer der Brücke posieren und sie mit meinem Telefon das Bild macht, nur in meinem Kopf.

Das Foto von mir und den drei russischen Soldaten ist mir, als ich es im Hotel betrachte, unangenehm. Es behagt mir nicht, in Berührung gekommen zu sein mit dieser unter allem hier schlummernden Entität, die die russische Armee darstellt.

23. Oktober. Tjumen ist die westlichste Stadt Sibiriens, sie liegt gleich hinter dem Ural. Reich geworden durch Öl und Gas, ist sie heute eine der wohlhabendsten Städte Russlands. In Umfragen werde sie regelmäßig, erzählt Artur, mein anderer Gastgeber von der deutschen Organisation, die mich eingeladen hat (ich gebe ihm hier diesen Namen), zu den lebenswertesten Städten des Landes gewählt. Gegründet von den Kosaken unter Jermak, nach einem Sieg über die Tataren des Khanats Sibir, war sie lange Handelsstadt, davon zeugen die verzierten Holzhäuschen und die jüngeren zaristischen Bauten, heute wieder frisch pastellgrün und orange gestrichen.

Ich stamme väterlicherseits von Kosaken ab, sagt Mascha. Man erklärt mir, dass ich einen kosakischen Nachnamen habe, sagt mir, ich hätte kosakische Gesichtszüge. Ich weiß nicht genau, was das sein soll. Meine Ururgroßmutter mütterlicherseits soll eine wohlhabende Kulakin gewesen sein, also Großgrundbesitzerin. Es wird in unserer Familie erzählt, dass einmal Soldaten auf ihren Hof kamen, ich weiß nicht, ob von den Weißen oder den Roten, und im Haupthaus übernachten wollten. Weil meine Ururgroßmutter sich weigerte, haben sie sie getötet. Sie muss eine stolze Frau gewesen sein.

Am Vormittag besuchen wir ein Museum mit einer Ausstellung über das Leben in Sibirien zur Zeit der Kaufmannsfamilie Kolonikov. Danach essen wir Torte und trinken Kaffee im *Café Maksim* gegenüber dem Philologischen Institut. Wir besuchen den Goethe-Lesesaal und machen dort ein paar Fotos von uns vor den Bücherregalen.

Man kann als Europäer eigentlich nicht über andere Staaten urteilen, denke ich. Das zeigt jetzt wieder der Fall der Ermordung des Journalisten Khashoggi. Ein Journalist wird in ein Hinterzimmer der saudi-arabischen Botschaft in Istanbul gebeten und dort ermordet. Die entrüsteten Reaktionen aus Deutschland und der EU, die «deutlichen Worte», mit denen deutsche Politikerinnen und Politiker die brutale Tat verurteilen. Dann das Auf-den-Prüfstand-Stellen der Waffenlieferungen an Saudi-Arabien – alles pseudohumanistische Selbstdarstellungen. Dabei hat man jahrzehntelang die saudi-arabischen Machenschaften geduldet und seine wirtschaftlichen Vorteile aus ihnen gezogen. Hinzu kommt das imperiale Verhalten Deutschlands innerhalb der EU, das überlegene Belächeln der vermeintlich unterentwickelten ost- und südosteuropäischen Demokratien bei gleichzeitiger Ernennung eines rechtspopulistischen Bundesinnenministers, die Zunahme von Naziaufmärschen (die man dann freilich «unbedingt» verurteilt), der wachsende Wohlstand gegenüber dem Rest der Welt, gefördert durch billiges Gas von Putin. All dieses Blendwerk, und auch mein eigener Egoismus, meine Selbstbezogenheit und meine eigene Wohlstandsabhängigkeit bei gleichzeitiger Einforderung von Humanität weltweit: Wie kann man unter diesen Umständen ernsthaft über andere Menschen, über andere Weltbilder ein Urteil fällen?

24. Oktober. Am Morgen versuche ich, an meinem Roman zu arbeiten. Es ist unmöglich, ich schaffe es nicht, in die Sprache der Erzählungen über Berlin hineinzufinden – in den fiktionalen Raum, der mir sonst so einladend erscheint, mich eher von sich aus in seine Weltweite hineinzieht. Die Sprache des Textes wirkt auf mich hier, in meinem Hotelzimmer in einer sibirischen Großstadt sitzend, fremd, unwahr.

Wir essen zu Mittag in einem Restaurant, das *Tschum* heißt (Tipi oder Zelt, Jurte). Wir bezahlen tausend Rubel extra, umgerechnet etwa dreizehn Euro, um auf Fellen in einer solchen Jurte zu sitzen, am Tisch vor einem Gemälde, das einen Ausblick in die verschneite Taiga und auf weitere Jurten simuliert.

Artur, der aus Leipzig stammt, erzählt von einem seiner Lieblingsschriftsteller, Juri Rytchëu, einem Tschuktschen, der über das Leben seines Stammes geschrieben hat. Er war Mitglied einer sibirischen Minderheit, die von der Sowjetadministration gefördert wurde, wodurch er sogar in Moskau studieren konnte.

In der Stadt leben Menschen aus China, Kasachstan, Kirgisistan und der Mongolei. Sie liegt nicht weit entfernt von der kasachischen Grenze, aber etwas an diesem Teil der Welt ist mir seltsam vertraut. Die Plastik- und Nylonästhetik kenne ich aus meiner Kindheit in Polen. Die russische Zeichentrickfilm-Ästhetik. Väterchen Frost etc. Auf der Straße kommen mir drei Kinder mit Schulranzen entgegen. Eingepackt in blaue und rote Wintermäntel, mit grünen und blauen Mützen, rufen die Mädchen dem Jungen hinterher: Stoi!, bleib stehen! Sie schauen mich im Vorbeigehen grinsend, aber seltsam respektvoll an. Eine Frau steht mit Einkaufstaschen an einer Bushaltestelle, ganz in Gedanken versunken.

In einer chinesischen Nudelbar esse ich Fettuccine al

Salmone. Sie schmecken mir außerordentlich gut. Der Mann an der Theke hält meine Kreditkarte gegen sein Lesegerät. Erst hier erfahre ich, dass die Karte die Funktion der kontaktlosen Abbuchung überhaupt besitzt. Man zahlt hier, wie in den USA, jeden Kleinstbetrag mit Karte. Die neue Funktion probiere ich gleich nach dem Essen im *Café Prokofjew* ein Haus weiter noch einmal aus, für einen Betrag von 110 Rubel, umgerechnet 1,50 Euro. Der Rubel rollt nicht, er tunnelt inzwischen über leeren Raum hinweg.

Zurück am Fluss wirken die orange, gelb und rot gestrichenen Plattenbauten am anderen Ufer, diese eigenständige Stadt am Horizont, die mich an meine Kindheitssiedlung erinnert, wie Gebäude aus Legosteinen. Auch die russische Fahne, das Weiß-Rot-Blau, das an einem Mast neben einem Verwaltungsgebäude über mir im Wind fließt, wirft mich in meine Kindheit zurück, da mir die Flaggen, die wir in Kronkorken klebten, um mit ihnen in mit einem Fuß in den Sand gezogenen Bahnen die Tour de France nachzuspielen, wie magische Symbole vorkamen, die verborgene, urtümliche Zaubersprüche aktivieren konnten, die wiederum auf der Welt wirkten, in die Leben der Menschen um mich herum eingreifen konnten.

25. Oktober. Am Ende meines Aufenthalts passiert es dann doch noch. Es ist Abend, wir sitzen in einem Nebenraum des Saals im Hotel Eurasia, wo gleich meine Lesung stattfinden wird, und ich frage Mascha, ob sie die Auszüge aus meinem Polenroman gelesen habe, die gleich präsentiert werden – ob die Übersetzung gelungen sei.

Ich habe sie nur überflogen, sagt sie. Ich habe nur geschaut, ob Russland darin vorkommt und ob etwas Schlechtes über Russland gesagt wird, damit du keine Probleme bekommst.

Sie sagt es, während neben uns schon der Schauspieler sitzt, der einzelne Passagen halblaut vor sich hin liest und ab und zu fragt, wie dieses oder jenes polnische Wort ausgesprochen wird.

Mich packt die blanke Panik. Ich blättere, lese einen Satz, der Russland und die Zerstörung Polens zusammenbringt, der von den Teilungen im 18. Jahrhundert handelt. Ich bemerke plötzlich, dass ich schwitze.

Also, ich finde das, was da steht, nicht so schlimm, sagt Artur. Es sind doch Fakten, sagt er.

Aber mich beruhigt das nicht. Wie soll ich diese Sätze gleich vor achtzig Leuten im Konferenzsaal des Hotel Eurasia vorlesen ...

Als der Dolmetscher eintrifft und mir gegenüber wortkarg bleibt, bin ich überzeugt, dass er meine Texte missbilligt und mich unsympathisch findet.

Während ich lese, bildet sich kalter Schweiß an meinem Rücken und unter den Achseln.

Nach der Lesung meldet sich eine Frau und fragt, ob es meine eigene Meinung widerspiegle, wie Russland in meinem Buch dargestellt werde.

Ich hebe an, von den nationalen Narrativen zu sprechen, die ich hätte darstellen wollen, und davon, dass viele Polen durchaus wüssten, dass Russland ihr Land von den Nazis befreit habe – aber dass eben auch die Erfahrung präsent sei, von jenen Befreiern besetzt worden zu sein, so wie zuvor vom Zaren, wieder einmal ein fremdes Herrschaftssystem aufgedrückt bekommen zu haben. Und dass die Soldaten der Roten Armee eben auch brutale Besatzer gewesen seien, Stalin ein Massenmörder und totalitärer Herrscher. Dass man das nicht leugnen könne.

Ich meine, dass ich diplomatisch geantwortet habe, differenziert. Ich bin zufrieden, weil ich meine eigene Haltung nicht verraten habe. Und auch meine Zuhörerinnen und Zuhörer wirken zufrieden, weil ich der Rolle der Roten Armee bei der Befreiung vom deutschen Faschismus hoffentlich ausreichend gewürdigt habe.

Trotzdem schwitze ich weiter, sucht mein Hirn auf Hochtouren nach den richtigen Worten. Ich sage, dass wir, getrennt durch Sprache und unterschiedliche historische Erfahrungen, unterschiedliche Narrative und Denkweisen entwickelt hätten und dass es gerade deshalb so wichtig sei, im Gespräch zu bleiben. Aber unter mir hat sich längst ein Riss aufgetan, gähnt, so scheint es mir, ein Abgrund zwischen zwei unvereinbaren Versionen der Wirklichkeit, diesmal ganz real.

Was versuche ich hier, denke ich, während ich gleichzeitig antworte, erzähle. Ich arroganter Westeuropäer, der seine Haltung als die einzig richtige ansieht – müsste ich nicht viel demütiger, viel unsicherer sein? Was weiß ich von dem, was diese Studentinnen und Studenten, Dozentinnen und Dozenten, Lehrerinnen und Lehrer im Raum denken und wissen. Wie stark bin ich von der deutschen, der polnischen, der eurozentristischen Geschichtsschreibung beeinflusst? Habe ich nicht neulich das Buch von Swetlana Alexijewitsch über die Frauen im «Vaterländischen Krieg» gelesen, über die vielen Millionen Opfer auf russischer Seite? Hier, wo ich mich gerade befinde, stehen die zwanzig Millionen im Zweiten Weltkrieg getöteter, damals zum Sowjetreich gehörender Menschen im Zentrum, als Opfer für die Befreiung Europas.

Gleichzeitig spüre ich, wie ich wieder einmal wütend werde, über die Zensur, über die Propaganda: Dass man Russland niemals auch nur minimal kritisieren darf, denke ich, für die gigantischen Menschheitsverbrechen, die es ja auch gegeben hat; dass es hier nicht möglich ist, irgendwas, was mit Russland zu tun hat, zu hinterfragen. Dass hier zwar geschimpft werden darf auf die Korruption, den Konservatismus – aber wehe, man hinterfragt auch nur andeutungsweise einen Aspekt der russischen Geschichte in ihrem Wesen, ihre vermeintlich heldenhafte Bewegung nach vorne, in die Moderne und in die Zukunft hinein.

Es gibt sie natürlich, die oppositionelle Tradition der 1970er-, 1980er- und 1990er-Jahre von Memorial, von Autorinnen und Autoren wie Nadeschda Mandelstam, Solschenizyn, Sacharow. Aber wie stark ist diese Tradition heute, und welche Bedeutung hat sie für die Mehrheit? Wird sie vom Staat, von den Gerichten und Geheimdiensten wertgeschätzt?

Nach der Lesung kommen viele Leute zu mir und bedanken sich für meinen Vortrag. Wir sind wieder Freunde, ich finde alle wieder sympathisch. Aber die Kluft bleibt. Ich bin ein Fremder, der aufpassen muss, was er sagt. Ich komme von außerhalb, wo anders gedacht, Russland mit zu wenig Respekt behandelt wird.

Diejenigen, mit denen ich freundlich und interessiert plaudere, habe ich, das bilde ich mir zumindest ein, mit meinen Antworten überzeugt oder wenigstens offen gestimmt. Aber mich selbst habe ich nicht überzeugt. Ich selbst bin nun nicht mehr offen bis zum Horizont im Osten, ich bin an eine Grenze gestoßen, an der man gezwungen ist, sich zu fragen, ob es einen ideologiefreien Blick auf die Wirklichkeit jemals geben kann – oder ob die Menschheit vielleicht wirklich auf ewig dazu verdammt ist, durch unterschiedliche Geschichts- und Gegenwartsnarrative in feindliche Lager getrennt zu bleiben.

Zum Abschluss meines Besuchs essen wir im Restaurant des Eurasia Hotels zu Abend. Der Dolmetscher verabschiedet sich sehr herzlich von mir, gibt mir seine Visitenkarte. Er wirkt nun gelöst – ich hatte mir seine Zurückhaltung vielleicht nur eingebildet, oder er war vor der Veranstaltung einfach aufgeregt gewesen. Oder er hatte vielleicht selber Angst.

Wir sitzen zu viert um einen Tisch – Artur, Mascha, Sveta, die eine Kollegin von Mascha ist, und ich. Wir sprechen, so scheint mir jetzt wieder, dieselbe globalisierte Sprache. Tauschen uns über Filme und Literatur aus. Machen Witze, haben denselben Humor. Wir gehen, so scheint es, über denselben, festen Boden.

26. Oktober. Im Flugzeug von Moskau nach Berlin am nächsten Tag kommt es zu einer seltsamen Begegnung. Neben mir sitzt ein Mann, der mich etwas aufdringlich in ein Gespräch verwickelt. Er wohne in Hamburg, sei Feuerwehrmann und lebe seit über 25 Jahren in Deutschland.

Es stellt sich heraus, dass wir beide etwa zeitgleich als Spätaussiedler nach Deutschland gekommen sind, er aus Moskau, ich aus Opole.

Ich war gerade in Moskau, sagt er, weil ich meine Rückkehr vorbereite, ich hatte ein paar Vorstellungsgespräche.

Ich frage ihn, was er mit Rückkehr meine.

Er sagt: Ich halte es in Deutschland nicht mehr aus. Was mit Deutschland seit zehn Jahren passiert, ist schlimm. Deutschland schafft sich ab, man fühlt sich fremd im eigenen Land!

Ich weiß nicht, ob er Sarrazin wissentlich zitiert, aber ich frage auch nicht nach. Wir wechseln glücklicherweise schnell das Thema und sprechen stattdessen über seine Urlaubsreisen. Er erzählt, dass er oft in der Karibik Urlaub mache. Und letztes Jahr waren wir auf Yucatán in Mexiko. Vorletztes Jahr waren wir auf Kuba. Wir mieten ein Auto und fahren herum, suchen uns die Unterkünfte spontan.

Er schwärmt von der italienischen Küste, zählt Orte auf. Er erzählt von einem Urlaub in Portugal und von einem in der Normandie. Und dann schwärmt er davon, wie Moskau sich in den letzten Jahren verändert habe, wie es renoviert worden sei, es gebe jetzt so viele schöne neue Orte und Plätze.

Als wir uns verabschieden, verwundert es mich, dass er tatsächlich nach Russland zurückkehrt. Aber nicht, weil ich denke, dass er in Deutschland oder Europa ein besseres, freieres Leben führen könnte (obwohl ich das unbedingt denke), sondern weil er diesen Schritt noch einmal auf sich nimmt, nach der Auswanderung in den 1990er-Jahren und nach 25 Jahren seines Lebens, nach einem halben Berufsleben, einem halben Leben überhaupt. Es verwundert mich, dass er noch einmal eine solche Entscheidung getroffen hat, wieder von vorn beginnen will, offenbar einen genügend starken, zwingenden Grund sieht, in dieses heutige Russland zurückzukehren, dass es ihm offenbar so viel verspricht.

Minsk (2019)

15. Oktober. Ich lese *Der Sonnenstaat* von Tommaso Campanella. Die Utopie einer vollkommen durchstrukturierten Gesellschaft aus dem Jahr 1602, eines sozialen Gefüges, ähnlich jenem, das Thomas Morus sich für seine Insel Utopia erträumt hat, einen Ort, wo alles seine Ordnung hat und jeder Mensch aus freien Stücken auf ein Abweichen von der Ordnung verzichtet, weil Ordnung das höchste Glück bedeutet. Die Gesellschaft, die Campanella beschreibt, ist verwirklicht in einer Stadt, deren Straßen und Gebäude in ansteigenden Ringen um einen Berg herum angeordnet sind. Die Bauern, die Handwerkszünfte, die Händlerinnen und Händler, die Kleriker, alle haben ihren ringförmig ums Zentrum angeordneten Raum. Im Zentrum, das sich auf der Spitze des Berges befindet, residiert die höchste Instanz, Sol, der Hohepriester, der höchste Machthaber in geistlichen und weltlichen Fragen, der Metaphysicus.

«Ich wurde in der Sonnenstadt geboren», lautet der erste Satz aus *Minsk. Sonnenstadt der Träume* von Artur Klinaŭ, einem literarischen Essay über seine Geburtsstadt.

17. Oktober. In Minsk herrscht besseres Wetter als in Berlin. Das Flugzeug war aus einer grauen Regensuppe heraus gestartet, den Passagieren wurde Spinat-Börek serviert, nobel verpackt, dazu Kaffee (das gibt es auf Flügen innerhalb der EU nicht mehr). Plötzlich tauchen Wälder und Seen unter mir auf, in der Nachmittagssonne leuchten sie gelb. Bis zum Horizont, wo das Licht in einem nebligen Streifen aufscheint, die Erde sich krümmt und rundet, sind nur Wald und gigantische Feldflächen zu sehen, wie von Trillionen Traktoren bearbeitet. Hier und da sind sie durch eine schnurgerade Autobahn geteilt, die, nach Osten hin, hinter der Erdkrümmung verschwindet.

Als ich ausgestiegen bin, muss ich mich mit ein paar anderen nicht einheimischen Reisenden am Schalter für die obligatorische Krankenversicherung anstellen.

Ein Euro pro Tag, ohne darf man als Ausländer leider nicht einreisen, sagt eine freundlich lächelnde Frau hinter der Glaswand auf Englisch.

Und so zahle ich vier Euro, muss zwei Mal unterschreiben.

Die Beamtin am Schalter der Passkontrolle hält meinen Pass unter drei verschiedene Scaneinrichtungen, in eine der Maschinen hält sie ihn sogar zwei Mal, schaut immer wieder hoch, vergleicht mein Gesicht mit dem auf dem Foto.

Mich wundert es, wie das letzte Mal in den USA, dass sie den Pass dann doch einfach zu mir zurückschiebt. Sie drückt auf einen Knopf, der Mechanismus in der Glastür – dem Tor zur belarussischen Wirklichkeit – summt, und die Tür geht vor mir auf.

Den Fahrer entdecke ich in der Gruppe der Wartenden eher zufällig. Er scheint das grüne Goethe-Institut-Schild unter seiner Jacke verstecken zu wollen. Er ist ganzkörperlich in Jeansstoff gekleidet, sein Haar ist grau, seine Hände wirken geschwollen, obwohl er ansonsten schlank ist. Er entpuppt sich als freundlich und schüchtern, traut sich kaum, Deutsch zu sprechen – und ich schäme mich wieder einmal, dass ich kein Wort Russisch oder Belarussisch spreche und hier auch noch abgeholt werde, als wäre ich sonst wer. (Und auch sonst wer müsste ja theoretisch Russisch oder Belarussisch sprechen können, es zumindest versuchen.)

Vor dem Flughafen empfängt mich ein gigantisches, von schillernden Blumen eingefasstes Denkmal, eine Art riesige, in den Himmel ragende Stahlspitze, die in einem Halbkreis aus Stahl steht. Keine Autos, keine Menschen sind zu sehen. Wir fahren über eine neu asphaltierte, vierspurige leere Autobahn, an einem zweiten Denkmal vorbei, an einer Parade ausrangierter kleinerer und größerer Flugzeuge und Kampfjets, dann gelangen wir auf die eigentliche Autobahn, mit uns auf gleicher Höhe bewegen sich jetzt neuwertige Autos und SUVs aller Marken. Auch diese Autobahn wirkt wie gerade erst gebaut, die Markierungen leuchten weiß auf perfekt schwarzem Asphalt. Wald taucht zu beiden Seiten der Fahrbahn auf, dann Felder, Dörfer in der Ferne. Ein künstlich aufgeschichteter Hügel, zu dessen Spitze eine den Hügel mehrmals umrundende Treppe führt, und Leute, die zum Denkmal dort oben hinaufsteigen, das wieder eine in den Himmel zeigende Stahlspitze darstellt. An einer Raststätte passieren wir eine Reihe von frisch lackierten dunkelgrünen Panzern mit aufgemaltem rotem Stern, wieder ein Denkmal.

Dann beginnen die unendlichen Ansammlungen von Wohnblöcken, Reihe für Reihe, dazwischen Geschäfte, eine Glashalle. An einer Bushaltestelle warten Menschen. Mir gefallen diese Siedlungen, auch wenn ich sofort spüre, wie unwichtig der einzelne Mensch, das einzelne Familienleben hier sein sollen, wie groß und bedeutend hingegen deren Gesamtheit.

An der nächsten Bushaltestelle stehen drei junge Männer in dunkelgrünen Uniformen, die Köpfe zusammengesteckt über einem Telefon, sie lachen. Ich staune über die Überproportioniertheit ihrer Dachmützen, die wie aufgeblasen aussehen, wie aus einem Cartoon. Unter einer solchen Mütze sieht der jeweilige junge Mann klein, kurzbeinig und irgendwie tragikomisch aus, als könnte er sich stets mit nur sehr kleinen Schritten voranbewegen, als müsste er sich stets sputen.

Nachdem ich im Hotel eingecheckt habe, holt mich Andrej ab, der meinen Workshop für Jugendliche hier in Minsk organisiert (ich gebe ihm hier diesen Namen). Er lädt mich zu einem Spaziergang auf eine Aussichtsplattform über dem Fluss Swislatsch im historischen Zentrum der Stadt ein. Es ist Abend, mit dabei sind auch die Workshop-Co-Leiterin, ich nenne sie hier Marjana, die ich schon in Stuttgart kennengelernt habe, und ein Referent aus Hamburg namens Olaf.

Das beleuchtete Rathaus und das orthodoxe Kloster erheben sich hinter uns in den Abendhimmel, eine Ansammlung weißer, gedrungener Gebäude, die wie aus Lebkuchen gebaut aussehen, außerdem die katholische Kirche daneben. Die neuen Hochhäuser vor uns beleuchten die Nacht, unter uns liegt der Fluss, am anderen Ufer ist der Turm mit den Luxuswohnungen eines prominenten Oligarchen zu sehen, der bis vor Kurzem im Gefängnis saß und heute wieder in der Gunst des Präsidenten Lukaschenko steht. (Angeblich soll Nobelpreisträgerin Swetlana Alexijewitsch sich dort vor Kurzem eine Wohnung gekauft haben.) Mit seinen Vorsprüngen und Erkern erinnert mich der Turm an das Dakota Building in der Upper West Side von Manhattan, vor dem John Lennon erschossen wurde und in dem Polański *Rosemaries Baby* gedreht hat.

Im Draniki-Restaurant in einem Keller der Altstadt erzählen Andrej und Olaf von der Konferenz in der Nationalbibliothek zum Thema Restrukturierung im Bibliotheksbereich, die am Vortag stattgefunden hat. Ein Sprecher des Wirtschaftsrats der Regierung habe seine Vision für Belarus vorgestellt. Er hat vor, aus dem Land eine Nation von Spezialistinnen und Spezialisten im virtuellen Dienstsektor zu machen. Wenn ein Teil der Bevölkerung diese Art von Jobs bekomme, die im digitalen Bereich ja durchaus globalisiert seien – denn auf der ganzen Welt würden ja Software-Entwicklerinnen und -Entwickler gebraucht –, dann werde das auch die restliche Ökonomie mitziehen, die Gehälter würden sich dann auf alle Gehälter des Landes umlegen, so die Hoffnung des Sprechers.

Andrej arbeitet schon seit vielen Jahren für das Goethe-Institut, er hat in Minsk Deutsch an der Uni gelernt und wurde sofort eingestellt.

Immer schon, sagt er, hätten die umliegenden Großmächte Polen, Russland, Litauen, Schweden und Deutschland hier ihre Kriege ausgetragen. Diese Mächte kommen und gehen, aber wir Belarussen bleiben, sagt er. Nicht umsonst heiße eines der Nationalepen – er zwinkert ironisch – *Die Hiesigen.*

Wir sprechen über die polnische Zeit, über die russische Zarenzeit, über die Sowjetzeit. Wir sprechen auch über die neue Zeit, die nun wieder ganz anders aussieht. Olaf ist begeistert von einer App, mit der man in Minsk ein Taxi rufen kann. Ein solches Taxi komme innerhalb von Minuten, und alles laufe über das Telefon, man könne beim Aussteigen entscheiden, ob man Trinkgeld geben wolle. Die Fahrt sei billiger als mit dem öffentlichen Verkehr in Deutschland. Eine hiesige Variante von Uber also, sagt er, eine gute Alternative.

Die Stadt als kosmologischer Raum: Ich wohne im alten Zentrum, wo auch die gigantischen Herrschaftsgebäude stehen, zwischen denen der einzelne Mensch bedeutungslos wirkt. Auf der Taxifahrt zum Institut am Morgen sieht man immer wieder, am Horizont am Ende des Boulevards, die weißen Wohnblocksiedlungen aufscheinen. Die Geometrie von Macht und Herrschaft. Der Mensch existiert im Raum, er lebt sein Leben im Raum. Das Radio läuft, Musik spielt.

In einem Hinterhof entdecke ich ein Gebäude voller Graffiti – ein Jugendzentrum? Ein Ort für Konzerte und Partys? Versteckt in zweiter Reihe hinter den offiziellen Fassaden? Der Präsident muss sich davor fürchten, dass nicht nur die Macht den Raum strukturiert, sondern auch die Beherrschten ihren Platz in diesem Raum finden. Wo Macht ist, ist immer auch ihre Unterwanderung.

Wir stehen an einer Ampel im Stau, ein Bus mit müde dreinblickenden, schick gekleideten vermutlich Berufstätigen neben uns stößt Abgase aus, das Sonnenlicht blendet schon. Wir fahren an einer Werbetafel mit einem Konzertplakat von Metallica vorbei, danach an einem von David Garrett. In einem Park macht eine Gruppe Jungs in identischen schwarz-weißen Jogginganzügen Liegestütze auf dem Parkweg.

Über den Dächern sehe ich am blauen Himmel den verblassenden Hauch des Mondes. Auch über Minsk steht dieser eine Mond, derselbe, den alle Menschen auf der Welt sehen können. Auch das, denke ich, ist für den Präsidenten ein Problem. Er kann seine Bevölkerung nicht ganz von den kosmologischen Gegebenheiten isolieren, fernhalten von der Welt.

18. Oktober. Polina zählt während der Vorstellungsrunde auf, was sie ihrer Ansicht nach als Person ausmache. Ich bin ein sehr positiver Mensch, sagt sie. Ich habe sehr viele Interessen. Ich mag Mathematik, aber ich liebe es auch, Deutsch zu lernen. Ich lese gern und habe viele Lieblingsbücher. Bücher öffnen mir die Welt. Ich möchte Dolmetscherin werden und mit Sprachen arbeiten.

Sie klingt überzeugt, optimistisch. Sie scheint ehrlich begeistert zu sein, für den Workshop ausgewählt und von ihrer Lehrerin aus Witebsk hierher begleitet worden zu sein.

Ich empfinde plötzlich eine große Zuneigung zu den zwölf Jugendlichen. Ich habe auf einmal das Gefühl, dass es sich lohnt, hier zu sein und diese Jugendlichen kennenzulernen, zu hören, was sie denken, und vielleicht etwas zu machen, was ihnen gefällt und sie in ihrem Leben auf irgendeine Weise positiv beeinflusst, sie irgendwie unterstützt, weiterbringt, ihnen das Gefühl gibt, dass sie wichtig sind.

Auch Marjana, die Co-Leiterin, wirkt während des Workshops euphorisch. Wenn ich die Jugendlichen nach ihrer Meinung zu einem der Texte frage, antwortet sie, noch bevor die Teilnehmenden sich melden. Sie nimmt in gewisser Weise selbst am Workshop teil.

Zum Mittagessen lässt das Goethe-Institut Lunchpakete von Monkey Food liefern, einem veganen Imbiss im Stadtzentrum. In den personalisierten Papiertüten finden sich Kartoffelwedges, Falafel und Kraut-Tomaten-Gurken-Salat.

Marjana spricht von Energien, davon, dass dieser oder jener Text sie auf einer gefühlsmäßigen Ebene mit Polina oder Irina oder Matjej verbunden habe. Und wenn ich zurückfrage, inwiefern, sagt sie, dass sie es mir nicht erklären könne, dass es etwas mit der Energie von Polina, Irina oder Matjej zu tun habe. Als ehemalige Lehrerin besteht sie darauf, dass die Jugendlichen, auf meine Frage nach potenziellen Inspirationsquellen hin, Begriffe auf bunte Kärtchen schreiben und diese an eine Tafel kleben.

Später führen wir eine Übung durch, bei der die Jugendlichen möglichst verrückte oder schöne Komplimente erfinden sollen. Marjana schreibt ein Beispiel auf und liest vor:

Matthias, du bist heute früh wie ein Fluss im Frühling.

Sie sei, erklärt sie, begeistert davon, wie viel Energie ich heute allen geben würde. Sie spricht oft von Inspiration, davon, dass sie täglich Quellen der Kreativität in sich entdecke.

Andererseits gibt es auch Dinge, von denen sie nur zögerlich spricht. Sie ist – das hat sie nur in einem Nebensatz erwähnt – zwölf Jahre lang verheiratet gewesen, jetzt aber, mit 37, endlich geschieden. Derzeit wohnten ihre Schwester Xenia und deren Tochter bei ihr, was eine Herausforderung sei, sie müsse sich plötzlich daran gewöhnen, nicht mehr allein zu leben, sich wieder auf andere Menschen einzulassen. Sie habe außerdem seit zwei Monaten einen neuen Beruf. Sie sei plötzlich – was sie selbst am meisten überrasche – Managerin für eine Software-Verwaltungsfirma aus Deutschland, die hier in Minsk eine Filiale eröffnet hat. Ich bin sehr glücklich über die neue Herausforderung, sagt sie. Aber derzeit muss ich, um mich in diesem neuen Beruf zurechtzufinden, sehr viel arbeiten. Ich habe keine Zeit mehr, mich mit Freunden zu treffen. Und dann noch Xenia und Praskowja, der man bei den Hausaufgaben oder anderen Problemen helfen muss.

Marjana lacht, als sie das sagt, seltsam euphorisch, schaut dann fast ungläubig drein, als könnte sie selbst nicht ganz glauben, in welche Richtung sich ihr Leben plötzlich entwickelt hat.

Auf dem Fußweg zurück in die Innenstadt frage ich sie vorsichtig, ob die Menschen hier zufrieden seien mit ihrem Leben und der gesellschaftlichen Situation.

Na ja, weißt du, sagt sie. Das mit der Zufriedenheit ist so eine Sache. Man kann unzufrieden sein, man kann über alles schimpfen. Oder man kann einfach etwas unternehmen. Man kann etwas ändern, sich weiterentwickeln. Man kann sein kreatives Potenzial nutzen, neue Inspirationsquellen finden, an sich selbst arbeiten. Jeder Mensch ist doch für sich selbst verantwortlich.

Aber nicht jeder Mensch hat vielleicht die Möglichkeit,

etwas zu ändern, sage ich. Ich frage, ob die Menschen, hier in dieser Gesellschaft, die ich ja nicht kenne, das Gefühl haben, dass ihnen Möglichkeiten offenstehen.

Vielleicht nicht, sagt Marjana. Aber das liegt eher daran, dass sie sind, wie sie sind, dass sie sich lieber als Opfer betrachten, anstatt Verantwortung zu übernehmen.

Vielleicht sei das eine strukturelle, quasi von Eltern an Kinder weitergegebene Erfahrung der Sowjetzeit, in der doch jedes eigenverantwortliche Verhalten sanktioniert, wenn nicht sogar bestraft wurde, spekuliere ich. Und vielleicht wirke auch das heutige System so auf die Menschen.

Marjana sagt: Natürlich, das müsse man gar nicht kleindiskutieren. Die Menschen hätten Angst, sich zu weit aus dem Fenster zu lehnen. Bildungspolitiker etwa hätten Angst, neue Grundsätze an den Schulen zu etablieren, Individualität und Selbstverantwortung mehr zu fördern. Sie hätten Angst, etwas zu verändern. Vor Kurzem habe ein Professor der hiesigen Universität angekündigt, bei den nächsten Präsidentschaftswahlen antreten zu wollen. Ein paar Wochen später war er im Gefängnis, weil er angeblich Steuern hinterzogen hatte. Die Regierung schürt Angst auf allen Ebenen, sagt Marjana, und Kritik wird sanktioniert. Das ist hier für jeden ganz klar.

Aber trotzdem, sagt sie nach einer Weile. Man hat trotzdem die Möglichkeit, sein kreatives Potenzial in sich zu suchen, es weiter zu entfalten. Trotzdem hat doch jeder Mensch sein Schicksal ein Stück weit in der Hand, sagt sie, und sie wirkt plötzlich wieder sehr optimistisch, wie sie an der stark befahrenen Straße, an den Schaufenstern eines Einkaufszentrums vorbei, aus denen uns Anzüge und Krawatten, Hemden und goldene Parfümfläschchen anschauen, neben mir ausschreitet.

In der sogenannten Trajezkaje- oder Dreifaltigkeits-Vorstadt, dem ältesten Teil von Minsk, verläuft die Swislatsch in einem Bogen um das Stadtzentrum. Hier befindet sich der Hügel mit dem orthodoxen Kloster und der katholischen Kirche, auf dem wir an meinem ersten Abend standen. Unten am Fluss sehe ich jetzt das ehemalige jüdische Viertel, kleine mittelalterliche Häuser, enge Gassen. Vom Ufer blicke ich außerdem – während schon der Abend anbricht, der sich überall auf der Welt ähnlich ankündigt, eine ähnliche positive Unruhe weckt, ein ähnliches Gefühl dafür, dass das Tageslicht und die Sonne den Menschen nicht selbstverständlich täglich wieder geschenkt werden – auf die Hochhäuser mit den Leuchtreklamen am anderen Ufer. Ich blicke auch auf die schon im Halbdunkel groß und träge schlafende Kuppel der Eiskunsthalle unter mir, die wie ein Fußballstadion aussieht. Dort unten am Fluss hat einst eine riesige Schlacht stattgefunden. Wo ich jetzt den Eingang in eine Metrostation sehen kann, am tiefsten Punkt der Stadt, befand sich, nachdem die Kiewer Rus und der Polozker Fürst aufeinandergetroffen waren, ein Totenfeld. Die Stadt war bis nach dem Zweiten Weltkrieg ein kleiner, unbedeutender Ort. Erst die Sowjets bauten die Boulevards, den Palast der Republik, den Friedenspalast, die vielen Theater. Nach und nach entstanden Betriebe, gigantische Satellitensiedlungen, Einkaufszentren. Heute ist Belarus aber noch einmal ein anderes Land. Ein Land im 21. Jahrhundert.

In meinem Hotelstockwerk befindet sich gleich am Anfang des Flurs an der Treppe ein Zimmer, zu dem die Tür immer offen steht. An einem Schreibtisch sitzt dort eine Person, schaut, wenn ich vorbeigehe, nie von ihrem Computerbildschirm auf. Nie ist die Tür zu, und immer ist der Raum besetzt, auch nachts. Es stapeln sich in den Regalen und auf dem Boden Ordner und Papiere. Zu jeder Tageszeit brennt das grelle Neonlicht an der Decke. Auf einem Silberschild neben der Tür steht: *Accounting*, auf Englisch. Und auf Russisch: *Buchhalteria.*

Dass einerseits ich die Möglichkeit habe, hier zu sein, andererseits diese Wohnsiedlungen in den Himmel ragen, der Beton sich ausbreitet, die Gegebenheiten, die hier Leben zerstören können, sich in die Gesichtszüge, in die Körperhaltungen der Menschen eindrücken, einfressen, erfüllt mich mit einem Gefühl von wütendem Erstaunen. Dass die gesellschaftlichen Umstände in diesem Land Hoffnungen zerstören und Würde brechen, Männer zu Alkoholikern, Frauen zu unterwürfigen, ängstlichen, gebückt gehenden, Einkäufe nach Hause schleppenden Geistern machen können – das ist ein großes Problem, das sich dem Präsidenten stellt, denn er muss immer fürchten, von derselben Last erdrückt zu werden. Er muss doch täglich in derselben Angst leben. Oder etwa nicht? Ist er ruhig? Sich seiner selbst und seiner Position sicher?

19. Oktober. Zum ersten Mal Erwähnung fand Minsk in der Nestor-Chronik im Zusammenhang mit der Schlacht an der Mündung der Nemiga in die Swislatsch, wo sich heute die Metro-Station *Nemiga* befindet. Später wurde die Stadt Teil des litauischen Großreichs, ging im 16. Jahrhundert dann an die Lubliner Union und wurde damit polnisch. (Aus dieser Periode stammen die vielen katholischen Kirchen im Zentrum; die Amtssprache war in dieser Zeit Polnisch.)

Im Zweiten Weltkrieg, lese ich, richteten die Deutschen inmitten der Altstadt ein Ghetto ein, vernichteten durch Zwangsarbeit, Erschießungen und Deportationen 60 000 Menschen jüdischen Glaubens. Im Zuge der Enteignungen in dieser Zeit richteten die Nazis in der Minsker Oper, einem Gebäude aus der Zwischenkriegszeit, an dem ich vorgestern mit Marjana vorbeigegangen war und vor dem sich Frauen und Mädchen in Abendkleidern von ihren Begleitern fotografieren ließen, eine Bekleidungs- und Möbelbörse ein. Sie verscherbelten Kleidungsstücke, Möbel und Gegenstände, deren Besitzerinnen und Besitzer vorher ermordet worden waren. Das Gebäude ist heute ein normales Gebäude, klassizistisch und schön. Es steht auf einem Hügel, von dem aus man über die riesige, geschäftige Sonnenstadt blicken kann. Ich stand vor dem Gebäude, betrachtete es, hatte keine Ahnung. Ich schaute in mein Handy, machte ein Foto, speicherte den Moment auch in meinem Kopf, die Tatsache, dass ich hier auf dem Platz vor der Oper stand, gestanden haben würde. Erst später las ich, wozu das Gebäude gedient hatte.

Ob ich wisse, warum hier überall, zum Beispiel auch an der Autobahn zum Flughafen, diese Hügelmahnmale aufgeschichtet seien, fragt mich Marjana, als wir am nächsten Tag die Treppe zum Obelisken für die Helden von Minsk hinaufsteigen, einem ebensolchen Hügel mitten in der Stadt auf einem der gigantischen freien Plätze.

Ich schüttle den Kopf.

Nach dem Krieg, sagt Marjana, hatten die Menschen die vielen Toten in Massengräber gelegt, weil es zu viele waren, um sie einzeln zu begraben. Oft habe niemand gewusst, woher in der Sowjetunion sie stammten. Als Geste der Ehrerbietung bekam jede Person zwei Hände voll Erde auf das Grab, und so seien diese Hügel entstanden.

Als wir oben ankommen, rollt gerade ein Jugendlicher auf einem Skateboard an uns vorbei. Um die Säule und an der Wand mit den in Stein gehauenen leidenden Körpern und Gesichtern vollführen weitere Jugendliche knallende, ratternde Kunststücke. Sie tragen Basecaps, breite Hosen, wie Skater sie überall tragen. Sie stehen in einer Gruppe am Rand der Granitfläche und unterhalten sich.

In den wie ein Kragen um die Siegesspitze aufragenden Spiegelflächen glüht das Sonnenlicht, unter uns liegt der Fluss. Die Sonnenstadt sammelt die kosmische Energie. Rechter Hand erstrecken sich Hochhäuser in einer Wand aus Millionen allmählich beleuchteten Fenstern, hinter denen Familien, Paare, Singles, Kinder, Alte wohnen. Die Straße unter uns, die am Denkmal vorbeiführt, am heiligen Ort des ehemaligen Imperiums, hat acht Spuren. Dort unten findet einmal im Jahr eine Parade statt, für den Präsidenten.

Die Skater, die um den Obelisken ihre Kreise drehen, lachend, cool und so, dass sie gesehen werden, ohne zu wirken, als käme es ihnen auf das Gesehenwerden an, erinnern mich plötzlich an die Skater mit freien Oberkörpern und den in die Gesäßtasche ihrer weiten Hosen gesteckten

T-Shirts in den Betonmulden am Venice Beach in Los Angeles, die ich in meinem Monat in Kalifornien über eine Stunde lang, mit anderen Touristen am Geländer stehend, beobachtet und fotografiert habe. Die gleiche Unlust ist ihnen anzusehen, irgendwann überhaupt nach Hause zu gehen.

Fängt hier tatsächlich eine andere Zivilisation an, wie Stasiuk es behauptet (und viele andere vor ihm)? Die berühmte assyrische Zivilisation aus Nadeschda Mandelstams *Erinnerungen an das Jahrhundert der Wölfe*? Jene andere Zivilisation Europas, die des Homo sovieticus – also eigentlich schon eine asiatische Zivilisation, in der das Individuum angesichts der Zentralmacht keine Bedeutung besitzt?

Dem Einzelnen, so schreibt Nadeschda Mandelstam, erschien die Zentralmacht in Russland seit jeher als eine Instanz, der man vollständig ausgeliefert war, die ihre Urteile niemals nach begreiflichen Gesetzmäßigkeiten sprach, sodass Rettung oder der Aufschub der Vernichtung stets nur in Form eines Wunders möglich schienen, der Einzelne hatte auf sein Schicksal keinen Einfluss. «Je stärker die Zentralmacht, desto beeindruckender das Wunder», heißt es in Nadeschda Mandelstams Erinnerungen an den Spießrutenlauf, zu dem ihr Mann Ossip und sie durch die sowjetische Rechtsprechung über Jahre gezwungen waren, bevor er in einem Arbeitslager des Gulag-Systems interniert wurde und ums Leben kam.

Beim Essen deutete ich Marjana gegenüber an, dass ich es problematisch finde, was Deutschland vermittels der Goethe-Institute in Osteuropa mache. Ich sagte, dass ich oft einen Zwiespalt verspürte, auch was meine eigene Rolle dabei anbelange, da ich ja von meiner Tätigkeit in diesem «Kulturaustausch» finanziell profitierte, außerdem könne ich lauter interessante Reisen unternehmen.

Es stimmt schon, dass an diesen Workshops, sagte Marjana, auch an denen, die Informatik oder Ökonomie zum Gegenstand haben, nur die klügsten und talentiertesten Jugendlichen eines Landes teilnehmen. Und die hegten dann Hoffnungen, dank ihrer Deutschkenntnisse irgendwann in Deutschland arbeiten, aus Belarus wegziehen zu können, wovon Deutschland ökonomisch natürlich profitiere. Belarus wiederum verliere dadurch seine klügsten, aufgeklärtesten Köpfe. Das sei im Prinzip eine freundlich verkleidete Form von ökonomischem Imperialismus in Europa. Andererseits sei es für diese konkreten Jugendlichen ja natürlich etwas Gutes, sagte Marjana.

Ich fragte, auf welche Weise Russland Einfluss auf das Land ausübe.

Russland werde, sagte Marjana, anders als Deutschland, von einer Elite von Milliardären und Unternehmern regiert und von einem Mann, der diese Leute mittels der Geheimdienste kontrolliere. Die Milliardäre aber interessierten sich nicht dafür, hier in Belarus in Infrastruktur oder Bildung zu investieren oder soziale und humanistische Ideen zu fördern. Sie kauften Unternehmen, die ihnen profitabel erschienen, schafften neue Absatzmärkte, alles andere könne aus ihrer Perspektive ruhig den Bach runtergehen. Im Gegenteil ist es für sie und Putin sogar von Vorteil, wenn es keine selbstbewusste Mittelschicht gibt.

Wenn ich zu lange über diese Zusammenhänge nachdenke, sagte Marjana, dann werde ich verrückt.

In einer Biegung der Swislatsch, auf Höhe des ehemaligen Kriegsmuseums, hat ein saudi-arabischer Prinz ein riesiges Gebäude bauen lassen. Er hatte vor, hier ein Luxushotel zu eröffnen. Es wurden die besten Methoden zur Stabilisierung des Ufers angewandt, Stahlfundamente wurden in den Boden getrieben. Das Gebäude stehe nun, erzählte Marjana, während uns vom gegenüberliegenden Ufer schwarze Glasfenster aus einem schneeweißen Gebäudekomplex entgegenschauten, seit zwei Jahren leer. Es senkt sich immer weiter ab, es läuft mit Wasser voll und muss ausgepumpt werden. Dem Investor ist das Geld ausgegangen oder die Lust. Niemand weiß, was mit dem Gebäude nun geschehen wird. Es hat gegen die Natur verloren.

20. Oktober. Vor meiner Lesung sitze ich mit dem Übersetzer, den ich hier Oleg nenne, in Andrejs Büro. Oleg ist ein kleingewachsener Mann mit hochtoupiert wirkendem Kopfhaar. Er erzählt von den Minsker Friedensgesprächen zwischen den beiden Kriegsparteien in der Ukraine, an denen er als Dolmetscher beteiligt gewesen sei.

Es trafen sich hier, sagt er, nur die Bürokraten, nichts konnte entschieden, alles musste zurück zu den Entscheidungsträgern nach Moskau oder Kiew übermittelt werden. Es war sehr mühsam. Er selbst sei abgestellt gewesen für den Themenbereich «Wirtschaftlicher Austausch», der von den Deutschen geleitet wurde. Aber auch da seien vor allem technische Fragen verhandelt worden.

Einmal nur sei er bei einem Treffen der Staatschefs dabei gewesen, quasi als Back-up, falls die mit den Politikerinnen und Politikern angereisten Dolmetschenden nicht ausreichen würden. Wir saßen also in einem kleinen Raum neben dem Verhandlungszimmer, auf Abruf, sozusagen, und warteten. Aber immerhin, sagt er, hatte ich über einen Kopfhörer die Stimmen von Merkel, Hollande, Putin und Poroshenko im Ohr.

Als er die vier Namen ausspricht, lacht er belustigt auf.

Nach der Lesung meldet sich ein Mann und fragt, warum ich den *Opa-Jurek*-Roman nicht auf Polnisch geschrieben hätte, da er doch offenbar durchdrungen sei von der Logik und dem Humor der polnischen Sprache.

Noch bevor Oleg die Frage für mich übersetzt hat, stelle ich fest, dass ich den Mann verstanden habe – dann begreife ich, dass er die Frage auf Belarussisch gestellt hat.

Nach der Lesung kommen wir ins Gespräch, er spricht Belarussisch, ich Polnisch. Er erzählt, dass er sich oft in Polen aufhalte und auch als Journalist an Workshops in Polen teilgenommen habe.

Ich frage Oleg später, wann die Leute Russisch, wann Belarussisch benutzten, und ob die Wahl der Sprache ein bewusster Akt, ein politisches Statement darstelle.

Er erklärt, bestimmte Themenbereiche seien im Alltag eher mit der belarussischen, andere mit der russischen Sprache verknüpft. In bestimmten Zusammenhängen würde das Belarussische bevorzugt, im Kulturbereich etwa oder unter Geschichtswissenschaftlerinnen und -wissenschaftlern. Es sei aber eigentlich nur eine Frage der Gewohnheit, der Konvention.

Marjana wiederum sagt, dass sie als ehemalige Lehrerin und auch in ihrem jetzigen Beruf kaum Belarussisch benutze, obwohl sie es gerne spreche. Sie habe wenig Sprecherfahrung, brauche mitunter einen ganzen Tag, bis ihr die belarussische Sprache im Mund wieder natürlich vorkomme, bis sich russische Wörter nicht mehr in den Vordergrund drängten.

Oleg beobachtet seit ein paar Jahren aber auch ein umgekehrtes Problem, eine gewisse Verarmung der russischen Sprache bei den Jugendlichen. Sie schauen, sagt er, weniger fern als die Generation zuvor, weil sie Filme und Nachrichten eher im Internet konsumierten, und dann auf Englisch. Dadurch kämen sie nicht mehr mit einem elaborierten Russisch in Berührung, mit seiner Hochform. Zu Hause sprechen sie mit den Eltern vielleicht über das Essen, über die Hausaufgaben, sie kommen mit einem pragmatischen, reduzierten Vokabular aus.

Dann erzählt er von den Wohnbezirken an den Stadträndern. Ich solle raten, was das Erste gewesen sei, was dort, nachdem die Siedlungen entstanden waren, gebaut worden sei.

Geschäfte?, mutmaße ich.

Das sei natürlich das Erste gewesen, klar, sagt er. Aber dann? Er beantwortet die Frage selbst: Spielkasinos. Eines nach dem anderen. Nicht etwa Kinos oder andere kulturelle Einrichtungen. Es gebe dort überhaupt keine kulturelle Infrastruktur. Meinst du, man hätte an höhere Schulen gedacht? Noch immer sagten die Leute: Was machen wir heute? Lasst uns in die Stadt fahren. Alles in Minsk passiert im Zentrum, so wie, aufs ganze Land bezogen, alles in Minsk passiert. Mit dem Bus braucht man manchmal über eine Stunde, um ins Zentrum zu gelangen und sich mit anderen treffen zu können, etwas Kulturelles zu unternehmen. Die Siedlungen sind mit parkenden Autos verstopft.

Die Straßen zwischen den Blöcken und sogar die Gehwege sind vollgeparkt, man muss manchmal eine Stunde lang herumkurven, um einen freien Parkplatz zu finden.

Ich mache einen letzten Spaziergang durch die Stadt. Der Himmel ist blau, von einem durchsichtigen Dunstschleier bedeckt. Die Luft riecht nach getrocknetem Laub. Die Plätze vor den Palästen sind leer. Die Sonne scheint direkt von oben auf die Stadt herab. Es ist Herbst, wie in ganz Europa, ein besonders leuchtender Herbst dieses Jahr.

Ich sehe einen Vater nur im T-Shirt einen Kinderwagen schieben. In einer Unterführung unter dem Unabhängigkeitsprospekt singt ein junger Mann zur Gitarre. Überall auf der Welt, denke ich, gibt es diese traurigen, sensiblen jungen Männer, die nur ein paar Akkorde spielen können, aber dafür um so leidvoller singen, ganz egal, ob ihnen jemand eine Münze in die Gitarrentasche legt oder nicht. Eine Dame mit Einkaufstasche geht an ihm vorbei. Er singt auf Englisch, sie sagt etwas Nettes zu ihm auf Russisch, lässt eine Münze in die Gitarrentasche fallen.

TEIL 4

Es passiert alles jetzt

Opole (2020)

10. August. Heimreise in Zeiten einer Pandemie. In Opole leere Straßen, der Sommer drückt auf die Stadt, lastet auf den Wohnungen und Gebäuden. Meine Oma sitzt im verdunkelten Wohnzimmer, draußen sind 35 Grad. Sie lüftet um sechs Uhr morgens, den Tag über bleiben die Fenster zu. Es bricht mir das Herz, darauf zu bestehen, auf zwei Seiten der Wohnung die Fenster doch aufzumachen, damit das Virus nicht in der Luft stehen kann.

L. und ich sitzen, während wir mit meiner Oma plaudern, am Esstisch, sie im Sessel vor der Balkontür. Meine Oma steht immer wieder auf, um uns etwas zu holen oder zu zeigen, und jedes Mal, wenn sie an uns vorbeigeht, halte ich die Luft an, lehne mich, so weit wie möglich, zurück, sehe sie sich bei mir anstecken.

Meine Oma strauchelt beim Gehen, die Hitze hat ihr Gesicht ganz eingefallen gemacht.

Bitte bleib sitzen, Oma, ich kann doch alles holen.

Du weißt aber nicht, wo die kleinen Löffel sind.

Natürlich weiß ich es. Und ansonsten suche ich einfach.

Ich schenke ihr immer wieder das Glas mit Saft oder Wasser voll.

Noch mehr?, sagt sie und verzieht das Gesicht zu einem Ausdruck der Erschöpfung. Ich habe keinen Durst, sagt sie.

Sie lässt ihr Stück Kuchen stehen. Sie verwechselt Dinge. Sie will mir unbedingt einen Text über den Absturz der Präsidentenmaschine in Smolensk zeigen, den ein deutscher Autor geschrieben und ein Bekannter von ihr aus dem Deutschen übersetzt habe.

Den Text habe ich geschrieben, übersetzt hat ihn meine Mutter.

Du musst ihn unbedingt lesen, sagt meine Oma. Das wird dich interessieren.

Auf der Oder treiben Pappelsamen wie Daunenfedern. Das Wasser fließt unendlich träge. Ein asphaltierter Fußballplatz liegt in der prallen Sonne. In den kleinen Straßen um unsere Airbnb-Wohnung auf der Insel Pasieka, zwischen den Gärten der einst deutschen Villen, im Schatten uralter Bäume steht der Nachmittag still. Wir sind die einzigen Menschen weit und breit, die draußen unterwegs sind. Alles erinnert mich an die ewigen Sommer meiner Kindheit auf der Insel Bolko, an den Ufern der Oder, in der Siedlung meiner Großeltern. Ein paar Kirchtürme sind Richtung Zentrum über den Dächern zu sehen.

Am Abend essen wir im Restaurant *Radiowa*. Am Teich unter dem Piastenturm plötzlich Dutzende Leute auf Parkbänken, Kinder fahren Roller oder Fahrrad. Der Himmel ist rosa, orange und türkis gefärbt, aber die Hitze weicht nicht, sie fällt nur am Rand des Teichs ein paar Grad ab.

In der Mitte der Wasserfläche, um die ich als Kind selbst mit dem Fahrrad fuhr, steigen und fallen rhythmisch Fontänen – Spaute einer Walschule, die sich aus dem Atlantik über die Ostsee und die Oder bis hierher verirrt hat.

Später essen wir Eis in der Fußgängerzone. Es ist acht Uhr am Abend, auf der Promenade kommen uns Leute mit Kindern und Gruppen von Jugendlichen entgegen, schlecken Eis, plaudern, lachen. Es scheint, als erwachte die Stadt erst jetzt zum Leben.

Vom Bett unserer Einzimmerwohnung aus hört man die Güterzüge über die Brücke auf die andere Seite der Oder rattern. Immer wieder erklingen in der Nacht, während warme Luft über Beine und Rücken atmet, Hornsignale, die Züge verlangsamen oder werden schneller. Sie setzen sich nach Westen in Bewegung oder kommen aus dem Westen an, die Brücke liegt ein paar hundert Meter vom Bahnhof entfernt. Wir befinden uns hier in einem weit entfernten Winkel von Europa, weit weg von den europäischen Zentren.

Kurz vor dem Morgengrauen beende ich das trunkene Treiben dreier Stechmücken. Man riecht die feuchte Luft vom Fluss. Die Uhren gehen hier in Opole, wo noch, wie mir scheint, kein Mensch von außerhalb jemals gewesen ist, so langsam wie sie einst in Lemberg gingen, in irgendeinem von der Welt ganz abgekehrten galizischen oder bukowinischen Kaff, in Stanisławów, dem heutigen ukrainischen Ivano-Frankiwsk. Wo der Sommer alle Theater, den Markt, die Kirchen und Synagogen, ja sogar die Aktivitäten der Trinkerinnen und Trinker und der österreichischen Beamten (oft in Personalunion) zum zweimonatigen Stillstand zwang, sodass eine Art Ewigkeit herrschte, wie Bruno Schulz es in den *Zimtläden* beschreibt.

Und wirklich, der Blick vom Ufer mit der Altstadt und den ehemals deutschen Villen auf die Blöcke aus sozialistischer Zeit gegenüber lässt mich sofort den Raum meiner ewig hier existierenden, für immer konservierten Kindheit betreten. Die Hitze bäckt diesen Zustand fest.

Ein Mann mit einem Mädchen an der Hand kommt an unserem Tisch im Restaurant *Radiowa* vorbei, er ist in meinem Alter, und eindeutig kann ich – ich bin mir für einen Augenblick sogar ganz sicher – erkennen, dass er mit mir in der ZWM-Siedlung aufgewachsen ist und dieselbe Klasse der Siedlungsschule besucht hat. Ist es nicht sogar Jarek? Fast will ich ihm zunicken.

11. August. Die Terrasse des *Café Laba* auf der Bolko-Insel schwebt wie ein Schiff durch die Nacht, mit Girlanden beleuchtet, mitten im Park an einem Weiher. Eine beleuchtete Insel, auf der aber, wie aus dem Nichts, Menschen auftauchen und sich an einen Tisch setzen, obwohl außenherum nur Wald ist. Die Stadt ist weit weg, man geht zwanzig Minuten auf Schotterwegen, die ins Nichts zu führen scheinen, durch die Dunkelheit, bevor diese beleuchtete Insel unvermittelt vor einem auftaucht.

Unter den Girlanden plätschert leise «Moon River» aus Richtung des verglasten Bungalows, und eine Bedienung taucht neben dem Tisch auf, fasst, weil alle Karten gerade im Umlauf sind, aus dem Stegreif zusammen, was es alles gibt – das alkoholfreie Bier ist leider wegen der Hitze bereits aus. Aber es gebe Shandy, eine Art Radler.

Eine Familie am Rand der Terrasse ist aus der Dunkelheit ins Licht getreten. L. und ich schauen, je ein Glas kühlen Shandys vor uns, auf den Weiher, hinter dem sich bei Tageslicht der Blick auf eine große Parkwiese öffnet. Vom Zoo hört man das Gelächter eines Pfaus herüberschallen, dann schaukelt das beleuchtete Schiff wieder in der Stille, ist der Wald nur zu spüren, der Gesang von «Moon River» wird in Richtung der Anlegestelle davongetragen.

Mich erinnert das Café an das Restaurant am Ende des Universums von Douglas Adams, in dem man, an seinem gebuchten Tisch vor einem Panoramafenster sitzend, allabendlich einen Blick auf das finale Schauspiel von kosmischer Dimension genießen kann, mit einem Cocktail in der Hand. Aber dies hier ist Opole. Die Leute sind, wie wir, aus der Stadt hergekommen. Für sie ist es ein normaler Montagabend in einem besonders heißen Sommer. Man hat Mückenspray eingepackt, gibt es an Tischnachbarn weiter, sorgt dafür, dass sich die Kinder einsprühen, bevor sie zum Spielen davonrennen.

Bamberg (2020)

19. Dezember. Zu Besuch bei meinen Eltern. Mein Onkel hat mir die neue *Polityka* geschickt. Darin ist über den ehemaligen PiS-Kreisrat Karol Rajewski aus Sieradz zu lesen, der inzwischen aus der PiS-Partei ausgetreten ist. In einem Interview beschreibt er, wie die Partei bis in die regionalen Parlamente und die Stadtregierungen hinein agiert: Als Bürgermeister der kleinen Gemeinde Błaszki im Kreis Sieradz habe er sich geweigert, die Abschaffung der Gymnasien in der Region zu unterstützen – ein Projekt der Bildungsministerin, das angeblich das Bildungssystem effizienter machen soll, indem es Kompetenzen nicht streut, sondern in Zentren bündelt. Ein paar Tage später wurde seine Gemeinde einer unangekündigten Finanzprüfung unterzogen.

Ein anderes Mal trug ihm die Parteiführung an, für den vakanten Posten eines Vizesekretärs in einer Gemeindeabteilung eine bestimmte Person einzustellen, ein Mitglied der PiS-Partei, die, seiner Ansicht nach, allerdings keine Kompetenz für den Job mitbrachte. Er stellte eine andere Person ein, die mit der Oppositionspartei PO sympathisierte, was ihm egal war, denn sie verfügte über die nötige

Expertise, was ihm für die Lösung der konkreten Probleme der Gemeinde relevanter schien.

Daraufhin wurde ihm zu verstehen gegeben, dass seine zukünftigen Projekte auf allen Ebenen der Verwaltung blockiert würden, sollte er auf seiner Auswahl beharren.

Im Rahmen eines anderen Projekts suchten ihn plötzlich zwei PiS-nahe Unternehmer zu Hause auf, um ihn wissen zu lassen, dass sie den von ihm ausgeschriebenen Auftrag zur Verwirklichung des Projekts sehr gern übernehmen würden.

Es folgten nächtliche Anrufe, Hasskommentare auf Facebook, Parteifreunde rieten ihm – im Guten –, beim Überqueren von Zebrastreifen aufzupassen. Er hörte von einem Kollegen, der nicht länger wagte, sich gegen die Entscheidungen der Partei in Warschau zu stellen – etwa gegen die Anstellung minderqualifizierter Leute aus der «dritten Reihe» –, weil man ihm gedroht hatte, seine Frau könne andernfalls ihre Stelle als Lehrerin verlieren und «nie mehr eine neue finden».

Am Ende wurde der uneinsichtige Karol Rajewski aus der Partei ausgeschlossen. Heute gilt für ihn im Umkreis von hundert Kilometern um seine Heimatstadt, die von einer Koalition aus PiS und PSL regiert wird, *de facto* ein Beschäftigungsverbot.

Aber gebe es dort nicht auch private Firmen, die ihn anstellen könnten?

Ja, antwortet Karol Rajewski, aber wer ihm einen Job geben würde, hätte sofort Kontrollen durch das Finanzamt zu befürchten. Oder die Streichung von Gemeindeaufträgen und Fördergeldern. Darauf wolle sich niemand einlassen.

Das Justizministerium in Warschau plane, wie ich auf der Seite der *Rzeczpospolita* lese, die Einsetzung eines neuen Gerichts, das sich mit Hasskommentaren und Hassnachrichten in den sozialen Medien beschäftigen soll. Vor diesem Gericht sollen Menschen andere Menschen anzeigen können, wenn sie sich durch deren Kommentare oder Nachrichten auf Facebook und anderen Plattformen bedroht fühlen. Auch *fake news* sollen diesem geplanten Gericht gemeldet werden können, beispielsweise auf Online-Nachrichtenseiten oder den Seiten von NGOs und anderen, privaten Betreibern. Zudem soll in Zukunft die Möglichkeit bestehen, Plattformen wie Facebook und Twitter anzuzeigen, sollten sie Kommentare mit dem Hinweis, dass sie *fake news* oder *hate speech* beinhalteten, löschen.

Mit der Einrichtung dieses neuen Gerichts solle, so das Justizministerium, dem zunehmend aggressiven Ton und der bewussten Verschleierung von Tatsachen im gesellschaftlichen Diskurs entgegengetreten werden.

Aber, so fragt man sich natürlich sofort, wer werden eigentlich die neuen Richterinnen und Richter sein, die laut Verfassung vom sogenannten Landesrat für Gerichtswesen ernannt werden, der wiederum seit einer aktuellen Gesetzesänderung von der Parlamentsmehrheit berufen wird, derzeit also von einer PiS-Mehrheit? Und wie werden diese Richterinnen und Richter Faktizität definieren? Ist das S-Wort für Homosexuelle eine «harmlose» Bezeichnung für Menschen, die «queere Ideologien» verbreiten? Wie verhält es sich andererseits mit kritischen Äußerungen, bezüglich des geplanten Abtreibungsgesetzes etwa, das «ungeborenes menschliches Leben schützen, traditionelle Werte retten» soll? Sind solche kritischen Äußerungen, nach der Einschätzung dieses zukünftigen neuen Gerichts, womöglich Ausdruck einer «lebensfeindlichen, linksliberalen Ideologie»?

Skopje (2022)

26. März. Sie habe mein Buch *Der traurige Gast* als eine Erzählung über die Suche eines Menschen nach sich selbst, nach einer Verortung des Ichs in unserer Gegenwart gelesen, sagt Milena auf der Fahrt in die Stadt.

Milena arbeitet für den Verlag, der vor Kurzem die mazedonische Übersetzung des Romans herausgebracht und mich für ein Wochenende nach Skopje eingeladen hat.

Sie hoffe, sagt sie, es sei in Ordnung, wenn sie die Lesung und das Gespräch am Samstag auf dieser Lesart aufbauend moderieren werde.

Sie holt das Buch aus ihrer Tasche und entschuldigt sich, dass es von Wasser aufgequollene Ränder aufweist. Sie habe es im Urlaub, auf einem Boot beim Segeln, gelesen.

Milena und ihr Kollege, Andrea, haben mich in einer schwarzen BMW-Limousine mit hellbraunen Ledersitzen vom Flughafen abgeholt. Als wir schon auf der Autobahn Richtung Stadt fahren, fragt Andrea nach einem Blick in den Rückspiegel, wie sich die Corona-Situation in Berlin entwickle. Dann sprechen wir quasi sofort über den Angriff Russlands auf die Ukraine, und er sagt, er hoffe sehr, dass der Konflikt sich nicht noch verschlimmern werde.

Dieser schlimme Krieg, sagt er in einem Tonfall, in dem ein anderer Ernst mitklingt, als wenn Menschen etwa in Deutschland darüber sprechen, wird lange dauern. Und er wird Jahrzehnte nachwirken. Wir müssen alles tun, um zu helfen. Europa, wir alle, sagt Andrea, müssen der Ukraine außerdem nach dem Krieg helfen, alles wiederaufzubauen. Aber Brücken, Gebäude, Straßen seien nur das kleinste Problem.

Dieser Stadtteil wird hauptsächlich von der albanischen Bevölkerung bewohnt, sagt Milena, während wir, schon im Stadtgebiet, nur sehr langsam vorankommen. Die Gebäude wirken provisorisch, ein Supermarkt schwebt an uns vorbei, auf den Balkonen hängt Wäsche, Kabel hängen lose neben Fenstern, Leute überqueren mit Einkaufstaschen die Straße.

Milena sagt, Skopje bestehe aus sehr unterschiedlichen Stadtteilen, mit verschiedenartigen Architekturen und Bevölkerungszusammensetzungen. Hier zum Beispiel, sie deutet aus dem Fenster, wohnen die Ärmsten.

Als wir über eine Brücke fahren – hier prägen Kuppeldächer, Kirchtürme, hier und da ein schlankes helles Minarett das Stadtbild, aber auch Plattenbauten sozialistischer Prägung –, sagt sie, dass sie diese Brücke sehr möge. Sie fahre täglich mit dem Fahrrad zur Arbeit, und sie freue sich jedes Mal, wenn sie hier angekommen sei, am Fluss. Dort beginne auch ein von der Fahrbahn abgetrennter Fahrradstreifen, auf dem es sich wesentlich entspannter, sicherer fahren lasse.

Die Brücke hat ein goldenes, üppig ornamentiertes Geländer. Auf der anderen Seite des Flusses liegen Jugendstil-Gebäude, die Oper, ein Theater. Über die Dächer erhebt sich der Vodno, Skopjes Hausberg, der, wie Andrea erklärt, ein beliebtes Ausflugsziel ist. Man könne direkt in der Stadt mit dem Aufstieg beginnen, er empfehle mir unbedingt eine Wanderung dort hinauf, sofern ich dazu käme. Vielleicht am Sonntag. Wenn das Programm es zulasse.

Auch Bojan, der Verleger, bestätigt mir zwei Stunden später, dass der Vodno der beste Ort in Skopje sei, um seine Freizeit zu verbringen. Sein großer Wunsch sei es schon immer gewesen, am Fuß des Vodno zu wohnen, und vor ein paar Jahren hätten seine Frau, seine Kinder und er dort endlich ein Haus beziehen können.

Wir besitzen nun, erklärt er, während wir am Nachmittag durch die Innenstadt gehen, das letzte Haus, direkt am Waldrand. Ich jogge viel, sagt er. Ich kann direkt vom Garten aus starten. Ich bin so glücklich, dass wir jetzt dort leben.

Kurz nachdem wir vom Hotel Queens losgegangen waren, hatte uns eine weißhaarige, gebückt gehende Frau angesprochen, die eine große Tasche mit sich schleppte. Sie deutete auf einen Mülleimer, aus dem Rauch aufstieg.

Bojan – im hellblauen Sakko – antwortete ihr über die Schulter und im Weitergehen, sichtlich bemüht, sich nicht auf die Situation einzulassen, dabei aber freundlich und respektvoll zu bleiben.

Die Frau ging ein paar Schritte mit uns mit und redete auf uns ein, dann blieb sie hinter uns zurück.

Bojan schweigt eine Weile, während wir uns von ihr entfernen, er scheint vergessen zu haben, worüber wir uns unterhalten haben, und wirkt nachdenklich.

Es ist der erste Frühlingstag in diesem Jahr. In meiner

Jacke ist mir bald zu warm. Ich kann spüren, dass ich im Gesicht einen Sonnenbrand bekomme. Der Wind ist stark, aber er bläst wie aus einem lau eingestellten Föhn, beißt nicht wie in Berlin, streichelt.

Wir drücken uns zwischen stehenden Autos hindurch über eine laute, wimmelnde Kreuzung, kommen an mehreren Restaurants vorbei, vor denen Leute sitzen und sich angeregt unterhalten.

Bojan erklärt, dass der Verlag vor zehn Jahren von seiner Mutter gegründet worden sei, die heute selber schreibe und sich deshalb aus dem Geschäft zurückgezogen habe.

Meine Mutter ist für den Aufbau des Verlags sehr wichtig gewesen, sagt er. Seine zwei Brüder und er teilten sich nun die Verlagsarbeit, er sei Verleger, der ältere Bruder Grafiker und Designer, und der jüngere leite die verlagseigenen Buchläden, von denen sie in Skopje inzwischen vier eröffnet hätten, eine in Mazedonien und in einigen anderen Ländern, anders als in Deutschland, übliche Vertriebsweise.

Unser Verlag ist erfolgreich, sagt er. Ohne die Vorarbeit unserer Mutter hätten wir das aber alles nicht geschafft.

Jetzt, mit vierundzwanzig, habe sie das Gefühl, in ihrem Leben an einem Scheideweg zu stehen, sagt Milena. Deshalb sei ihr das Thema der Selbstfindung, das sie in meinem Buch entdeckt zu haben glaube, so wichtig. Sie wisse momentan nicht mehr genau, wer sie eigentlich sei. Bücher seien weiterhin ihre große Passion, sie liebe die Literatur. Sie erlebe es eher im Privaten, dass sie das Gefühl habe, sich zu verändern, auch in ihren Freundschaftsbeziehungen – aber sie wolle sich nicht verändern, sie wolle nicht, dass etwas anders werde.

Actually, sagt sie, während wir in der blendenden Sonne eine weitere Kreuzung überqueren und ich endgültig die Orientierung verloren habe, I feel quite lost right now.

Später, als Bojan die katalanische Schriftstellerin Irene Solà und mich zu einem frühen Abendessen einlädt, rührt Milena von den vielen Vorspeisen, Salaten und Gerichten nichts an. Sie hat sich eine Winzigkeit auf den Teller gelegt, nimmt aber das Besteck nicht in die Hand.

Bojan und auch Natascha Sardjoska – Irenes Übersetzerin und selbst Autorin des Verlags – sprechen es, auch vor uns, immer wieder an, Milena, die nie etwas esse, woraufhin Milena lacht, sich entschuldigt. Sie brauche einfach nicht so viel, habe nur selten Hunger, wirklich kein Problem.

Die Art und Weise, wie sie darüber scherzen, zeigt aber, dass sie sich Sorgen um sie machen, und jedes Mal, wenn ein neues Gericht serviert wird und Bojan oder Natascha die Sache thematisieren, legt sich Milena wieder eine Winzigkeit auf ihren Teller und dreht sie langsam und behutsam mit der Gabel hin und her, ohne sie anzurühren. Sie trinkt auch keinen Alkohol und entschuldigt sich auch dafür.

Es stellt sich dann heraus, dass auch Bojan keinen Alkohol trinkt und den ganzen Abend ebenso wenig isst, weil er zurzeit einen «veganen Monat» macht, wie er es nennt.

Ich faste, erklärt er, das mache ich ein Mal im Jahr, um meinen Körper zu reinigen. Ich versuche, mich gesund zu halten. Ich mache Sport und achte auf meine Ernährung.

Unmöglich zu sagen, worüber wir uns an diesem Abend nicht unterhielten, denke ich später. Wir sprachen über den Krieg und den Verbrechen gegen die Menschlichkeit verübenden Putin. Über die Stellung der Literatur in Europa, die Situation der Frauen in der akademischen Welt (Natascha ist promovierte Anthropologin), über die Essenskultur in Skopje, über heutige Ideologien, die Konflikte Mazedoniens mit Griechenland und Bulgarien, bei denen es sich um reine Identitätskonflikte handele, wie Natascha sagte, um selektive Geschichtswahrnehmung und Mythisierung.

Überhaupt redete, wie mir irgendwann schien, das gesamte Lokal an diesem lauen Frühlingsabend über *alles*. In meinem Rücken wurde gegessen und getrunken, es wurde gelacht und geraucht, und durch das offene Dach drangen die warme Frühabendluft und die Geräusche einer lebendigen Stadt, Hupen, Motorenlärm, Rufe.

Zum Abschluss probierten wir von jedem Dessert auf der Karte, bis Bojan sich plötzlich entschuldigte, er wolle nach Hause, um noch Zeit mit seinen zwei kleinen Kindern und seiner Frau zu verbringen.

See you tomorrow at the bookstore, sagt er. Please stay and enjoy the evening!

Wann er die Rechnung bezahlt hatte, war mir entgangen.

Im Frühstücksraum dringt am nächsten Morgen Discomusik aus dem Flachbildfernseher unter der Decke. Ein Musikvideo läuft, in dem eine Rapperin und zwei Rapper auftreten, während ich allein im Raum mit Rührei und Börek am Tisch sitze und Latte macchiato trinke, wie in Tjumen, Minsk oder Warschau, und doch nicht ganz genauso.

Das stoßweise Nachlassen und wieder Aufbrausen des Wasserstrahls aus dem Duschkopf, die immer wieder abbrechende Datenverbindung beim Videotelefonieren mit L., auch der Blick aus meinem Fenster auf das Viertel mit den provisorisch verkabelten Baracken und Rohbauten – spätestens die Nachrichten aus der Ukraine, über die Abhängigkeit der deutschen Wirtschaft von russischem Titan und anderen Edelmetallen, nicht nur von Gas, lassen mich denken, dass der Verzicht auf bestimmte Annehmlichkeiten, dass eine Umwertung, vielleicht sogar totale Askese um der Zukunft der Menschheit willen (und nicht nur der Europäerinnen und Europäer) möglich sein müssen und eigentlich unausweichlich sind. Materielle Armut, provisorische Lösungen – wie in meiner Kindheit im Sozialismus – sind vielleicht die Zukunft.

27. März. Ich will nirgends anders hin, erklärt Saschka, die in der Marketingabteilung des Verlags arbeitet. Ich bin immer hiergeblieben, bin nicht einmal zum Studieren weggegangen, obwohl meine Cousine, die in Mailand lebt, mich zu überreden versucht hat. Ich will auch nicht weggehen, um irgendwo mehr zu verdienen, nach Deutschland oder Holland oder Frankreich. Ich bin hier geboren und aufgewachsen, meine beiden Kinder sind hier geboren, ich habe immer gerne hier gearbeitet und arbeite auch heute gerne hier. Meine Freunde und meine Familie leben hier.

Früher sei sie in verschiedenen Buchläden beschäftigt gewesen, aber dort habe man ihre Fähigkeiten und auch sie als Person nicht wertgeschätzt, wie sie uns erzählt.

Wir sitzen vor einem Restaurant auf dem türkischen

Markt im historischen Viertel, Saschka hat uns einen ehemaligen Hamam, mehrere Moscheen und einen historischen Marktplatz gezeigt, ein Kinderbuch über das nach einem verheerenden Erdbeben im 6. Jahrhundert wiederaufgebaute und unter bulgarischer und später osmanischer Herrschaft umgebaute Zentrum Skopjes in der Hand, das sie geschrieben hat (und das unter anderem ins Englische übersetzt wurde).

Saschka sagt, dass sie sehr glücklich sei über die Stelle im Verlag. Sie habe noch nie in einem so jungen und freundschaftlich gesinnten Team gearbeitet. Sie spielen mir immer Streiche, sagt sie, woraufhin Ivona und Simona lachen müssen.

Simona zeigt uns ein Video, auf dem eine Tür in einem Büroflur zu sehen ist, davor die Pappfigur eines Schneemanns, eine Weihnachtsdeko, die jemand genau vor der Tür positioniert hat. Man hört die Spülung, die Tür geht auf. Saschka kommt heraus, fährt zusammen, schreit auf.

Im Hintergrund Gelächter. Saschka brüllt, lacht, stürmt auf die Kamera zu.

It was very spooky, sagt sie jetzt und lacht genauso wie auf der Aufnahme. Have you seen this snowman? Like from a nightmare!

Wir essen Kebab. Vor einer halben Stunde saßen wir vor einer unscheinbaren Bäckerei in einer anderen Gasse bei Baklava und Tulumba, danach besuchten wir einen Ort, an dem originaler türkischer Kaffee auf heißem Sand zubereitet wird, dazu wurde Rosenwasser serviert.

Als Erstes hatte Saschka uns vom Hotel auf einen Platz mit drei riesigen Statuen geführt, die einen griechischen Krieger und Kyrill und Method darstellen.

Ich liebe meine Stadt, sagt Saschka an jeder weiteren Station, bleibt stehen und liest uns auf Englisch aus ihrem Buch vor. Es ist interaktiv gestaltet, an verschiedenen Stellen werden den Lesenden Fragen gestellt, zum Beispiel, ob man meine, dass die Alte Steinbrücke im zweiten großen Erdbeben 1963 zerstört und wiederaufgebaut worden sei. Je nach Antwort wird man auf unterschiedliche Seiten geleitet.

Sie habe aus dem Buch eigentlich auch ein Videospiel machen wollen, sagt Saschka, aber das sei zu teuer gewesen. Mehrere zigtausend Euro hätte man investieren müssen, und Unterstützung habe es vom Kulturministerium dafür leider nicht gegeben.

Simona findet, Ohrid am Ohridsee, ganz im Südwesten des Landes, sei die schönste Stadt in Nordmazedonien. Es habe sich eine große slawisch-byzantinische Altstadt erhalten: Ursprünglich als griechische Siedlung angelegt, um 500 n. Chr. aber durch ein Erdbeben vollständig zerstört, sei Ohrid vom bulgarischen Zaren, also von den Slawen, neu aufgebaut worden. Um 860 seien die Stadtbewohnerinnen und -bewohner von Byzanz aus christianisiert worden. Unter Kliment und Naum, zwei bulgarischen Mönchen, sei eine erste Schule entstanden, und eine Weile war die Stadt Sitz und Zentrum des Bulgarischen Reichs.

Von Ohrid aus sei das byzantinische Alphabet nach Süd- und Osteuropa gelangt. Aber auch nach der Eroberung durch das Osmanische Reich seien die Kirchen und Klöster erhalten geblieben. Es gebe in Ohrid 365 Kirchen, eine für jeden Tag im Jahr.

Der See und die Umgebung seien von der UNESCO zum Weltkultur und -naturerbe erklärt worden, ebenso die Altstadt mit den Kirchen und Moscheen und Hamams. Die reichsten Familien Nordmazedoniens besäßen Häuser in der Stadt, sagt Simona. Sie selbst halte sich nirgends lieber auf als am Ohridsee, dort, an der Grenze zu Albanien. Mindestens einmal im Jahr müsse sie hin.

Der Streit zwischen Griechenland und Nordmazedonien, erklärt Natascha mir später, beziehe sich auf die Frage, wer sich als Mazedonier bezeichnen dürfe, wer das Nachfahrenvolk der historischen Makedonier sei, also auch Erbe von Alexander dem Großen. Es sei, sagt sie, ein völlig absurder Streit, denn man könne keine solche Abstammungslinie der heutigen Nordmazedonier, die zu 65 Prozent slawischer Ethnie seien, überzeugend nachzeichnen.

Die Griechen behaupteten wiederum, Alexander sei Grieche gewesen, weshalb das Aufstellen des Alexander-Denkmals auf dem Hauptplatz von Skopje Proteste in Griechenland ausgelöst habe. Es gehe dabei konkret auch um die Angst der Griechen und umgekehrt auch der Mazedonier, Grenzregionen könnten plötzlich zurückgefordert werden, weshalb Griechenland sich auf EU-Ebene gegen die Anerkennung Nordmazedoniens als EU- und NATO-Beitrittskandidaten lange gewehrt habe.

Mythen sind nicht tot, sagt Natascha, die promovierte Anthropologin. Sie seien nicht totzukriegen. So wichtig sie für die Beheimatung des Menschen seien, so gefährlich seien sie auch, wenn sie missbraucht werden, wie man am Krieg Putins gegen die Ukraine sehen könne.

Von der Alten Steinbrücke aus – unter uns fließt in seinem Geröllbett der Vardar – blicken wir an den Wohnblöcken und am Parlament vorbei auf verschneite Gipfel. An den Wochenenden im Winter brechen die Stadtbewohnerinnen und -bewohner zum Skifahren, im Sommer zum Wandern dorthin auf, während sie die Sommerferien am Meer verbringen, hauptsächlich in Griechenland, dessen Küste eine dreistündige Autofahrt entfernt liegt. Der Vardar ist azurblau, vielleicht wegen seines weißen Steinbetts. Die Berge sind von einem zarten Dunstschleier umhüllt, wirken aber, als lägen sie nur eine Armeslänge entfernt.

Am Flussufer habe die Regierung, wie mir die Lyrikerin und Korrektorin des Verlags, Violeta, nach der Lesung am Abend erzählt, als ich nach den Holzschiffen frage, die alle paar hundert Meter an der Promenade vertäut liegen, viel zu viele Restaurants gebaut. Sie sind alten Wikingerschiffen nachempfunden oder, denke ich, dem Wasa-Schiff in Stockholm.

Es ist sehr seltsam, diese Schiffe passen überhaupt nicht hierher, sagt Violeta und macht mich auf einen Umstand aufmerksam, der den sonderbaren Eindruck noch verstärkt: Jedes der dreistöckigen Schiffe, mit Tischen, einer Bar hinter den Fenstern und Sonnenschirmen an Deck, zu denen Stege von der Uferpromenade führen, steht auf Stelzen im Vardar. Keines liegt im Wasser.

Violeta erzählt, warum sie in den letzten zehn Jahren nur Lyrik und keine Romane mehr geschrieben hat. Seit sie Kinder habe, sagt sie, lebe sie mit ihrem Mann in einer Zweizimmerwohnung mit einem Kinder- und einem Wohnzimmer, Küche und Bad. Ihr Mann und sie schliefen im Wohnzimmer, auf einer ausziehbaren Couch. Wenn sie schreiben wolle, sperre sie sich im Bad ein. Aber weil sie so viel arbeiten und sich zusammen mit ihrem Mann um die Kinder kümmern müsse, bleibe wenig Zeit für lange, prosaische Texte.

Manchmal träume ich Erzählungen, sagt sie. Ich wache dann auf und sperre mich im Bad ein und versuche, so viel wie möglich von dem Traum aufzuschreiben, bevor er verblasst. Oh ja, ich hätte gerne einen Raum für mich, sagt sie, weil wir schnell auf Virginia Woolf zu sprechen kommen, und lacht. Aber so gehe es auch. Seit sie für den Verlag von zu Hause arbeite, in einem kleinen Winkel des Wohnzimmers, sei sie zumindest während des Vormittags, wenn die Kinder in der Schule seien, für sich und schaffe es manchmal – da ich eine sehr starke Konzentrationsfähigkeit besitze, sagt sie –, einen kurzen Moment für das Schreiben eines Gedichts zu finden. Dann fließe alles zusammen, aus den Träumen, aus dem Alltag. So gehe es irgendwie, so habe sie einen Weg gefunden, um weiterzuschreiben.

Dieser Ort hier, an dem ich ein paar Tage zu verbringen die Möglichkeit bekommen habe, ist für mich das Zentrum der Welt, genauso wie Berlin oder Shanghai – er existiert real, und es gibt ihn kein zweites Mal.

Als Irene und ich später durch die dunkle Stadt nach Hause laufen, unter der Statue von Alexander dem Großen auf seinem Pferd vorbei, durch die leeren und zugleich belebten Straßen, ist die Nacht unter dem Sternenhimmel eine Nacht mit unzweideutiger Adresse: Man gelangt hierher durch den Orionnebel, an den Sternen Beteigeuze und Proxima Centauri, an den äußeren Planeten unseres Sonnensystems vorbei und aus dem Orbit hinab auf diesen Kontinent, in diese Bergregion, an den Vardar unterhalb des Vodno – genau in die Straße, an der sich die *Casa Cubana* mit mindestens hundert Menschen in Stöckelschuhen und Ausgehhemden gefüllt hatte, an einem lauen Frühlingsabend in Zeiten des Krieges und einer Pandemie und des menschengemachten Klimawandels.

Mir erscheint die Nacht wie ein Gleichnis vom Weinberg oder vom Samenkorn oder von einem Fischer oder einem Blogger, einer Poetin, von Büchermenschen, Kaffeemenschen, Familienmenschen oder meiner fast 80-jährigen Übersetzerin, die keine E-Mails schreibt – die Adresse und der Moment existieren, eine außerirdische Spezies ist eingeladen, herzukommen und sich davon zu überzeugen.

28. März. Es ist Sonntagnachmittag. Ich habe beschlossen, auf den Vodno zu steigen. Schon kurz nach dem Losgehen irre ich durch die kleinen Straßen, die vor meinem Fenster den Hang hinaufführen. Mich bedrückt plötzlich – wie immer an Sonntagen – ein Gefühl der Einsamkeit und Fremde.

In den Gärten der Häuser dieses Stadtteils türmen sich Müll und Bauschutt auf. Ich komme an einem zerfallenden Schuppen vorbei. Dann passiere ich eine Baustelle, auf der ein Kühlschrank und Säcke mit braun schimmelndem Dämmmaterial abgeladen worden sind. Die Straße ist durchsetzt mit Schlaglöchern, über mir hängen Kabel über die Fahrbahn von einem Haus zu einem anderen.

Diese Baustellen, die mitten im Rohbau zum Stillstand gekommen sein müssen und nun als Müllhalden benutzt werden – ein untrügliches Zeichen. Sie erinnern mich an Sizilien, wo der Müll ganz ähnlich auf den Straßen und in den Gräben liegt, der von offiziellen Deckfirmen der Mafia, wie unsere Vermieterin erzählt hatte, gegen Steuergelder abgeholt und auf den Feldern um die Städte und Dörfer entsorgt wird. Besonders deutlich spüre ich die Armut, als ich nach ein paar Minuten und etwas weiter den Berg hinauf plötzlich in ein seltsam ruhiges, nur von Vogelgezwitscher erfülltes Quartier gelange, wo um mich Villen aus den 2000er-Jahren – aus Glas und Beton – unter ausladenden, uralten Zedern zwischen den rosa und blau blühenden Büschen durchschimmern.

An der Straße stehen nun Wachhäuschen. Ich passiere das Schild der Botschaft der EU, der chinesischen, der deutschen, der französischen Botschaft. Kurz dahinter erscheint ein Tor vor einem umzäunten Park. Der Wohnsitz des mazedonischen Präsidenten.

Am Ende der Straße führt der Weg nicht weiter, ich bin aus dem ärmeren Viertel in eine stille, friedliche Sackgasse hinaufgestiegen, gehe wieder mehrere Minuten zurück bergab, wieder an den Wachhäuschen vorbei.

Auf dem Spaziergang zur *Casa Cubana* am Vorabend hatte Milena mich auf die Farbklekse auf dem Geländer einer der Brücken über den Vardar hingewiesen. Sie stammten, erklärte sie, vom sogenannten Bunten Protest, bei dem die Stadtbewohnerinnen und -bewohner gegen den Bau riesiger, pseudomodernistischer Gebäude mit künstlich aussehenden Fassaden demonstriert hatten sowie gegen lukrative Privatdeals, die der damalige Premierminister mit privaten Baufirmen geschlossen hatte, um die hässlichen herrschaftlichen Blöcke dort hinstellen zu lassen, dazu die Holzschiffe für Restaurants, von denen heute die meisten leer stehen, dem Verfall überlassen sind.

Wegen dieser Korruption und anderen Vergehen, erzählte Milena, sei es damals, 2015 und 2016, fast zum Bürgerkrieg gekommen. Die Regierung sei gestürzt und eine neue gewählt worden – ob man davon in Deutschland denn gar nichts mitbekommen habe?

29. März. Tag des Aufbruchs. Nach einem Auftritt im Frühstücksfernsehen sitzen wir mit Saschka und Bojans jüngerem Bruder Slobodan in einem Restaurant, die Koffer stehen schon gepackt neben uns, wir essen zu Mittag.

Es war sehr schön, dass ihr hier wart, sagt Slobodan. Die Ähnlichkeit zu Bojan ist nicht zu übersehen, als wären die beiden Brüder zwei Strophen desselben Liedes. Draußen scheint die Sonne.

Wann kommt ihr wieder?, fragt Saschka.

Bald, hoffentlich, sage ich.

Und ich würde wirklich gern bald wiederkommen. Ich habe das Gefühl, die Menschen, die ich in den letzten Tagen kennengelernt habe, schon jetzt zu vermissen.

Eine Stunde später versuche ich vom Rücksitz des Taxis aus, das auf die Autobahn zum Flughafen biegt, mir durch das Seitenfenster noch einmal den Blick auf den Vodno und die weißen Spitzen der Berge einzuprägen. Die Dächer am Fuß der Berge werden immer kleiner.

Kaum zu glauben, denke ich, dass dort hinten, in den Räumen des Verlags, jetzt ein normaler Montag stattfindet,

Saschka, Simona und Milena an ihren Schreibtischen sitzen, scherzen, telefonieren, mit Bojan oder Slobodan eine Besprechung abhalten.

Durch mein Fenster ist der Vodno noch lange zu sehen.

Literatur

Swetlana Alexijewitsch: Der Krieg hat kein weibliches Gesicht, Suhrkamp Taschenbuch, Berlin 2015.

Adalbert Behr in: Ehrhardt Gißke (Hg.): Bauen in Berlin. 1973 bis 1987, Koehler & Amelang, Leipzig 1987.

Tommaso Campanella: Der Sonnenstaat. Idee eines philosophischen Gemeinwesens, Holzinger, Berlin 2016.

Witold Gombrowicz: Dziennik 1953–1969, Wydawnictwo Literackie, Kraków 2013.

Ryszard Kapuściński: Imperium, Spółdzielnia Wydawnicza «Czytelnik», Warschau 2010.

Artur Klinaŭ: Minsk. Sonnenstadt der Träume, Suhrkamp Verlag, Frankfurt am Main 2006.

Milan Kundera: Die Tragödie Mitteleuropas, in: Erhard Busek, Gerhard Wilflinger (Hg.): Aufbruch nach Mitteleuropa. Rekonstruktion eines versunkenen Kontinents, Edition

Atelier, Wiener Journal, Herold Verlag, Wien 1986 (deutsche Übersetzung des Essays Un Occident kidnappé ou La Tragédie de l'Europe Centrale).

Doris Lessing: Shikasta, Fischer Taschenbuch Verlag, Frankfurt am Main 1987.

Nadeschda Mandelstam: Erinnerungen an das Jahrhundert der Wölfe, Die Andere Bibliothek, Aufbau Verlag, Berlin 2021.

Czesław Miłosz: Das Land Ulro, Kiepenheuer & Witsch, Köln 1982.

Joseph Roth: Reisen in die Ukraine und nach Russland, hg. von Jan Bürger, Verlag C. H. Beck, München 2015.

Bruno Schulz: Sklepy cynamonowe, Wydawnictwo Literackie, Kraków 1992 (deutsche Übersetzung: Die Zimtläden, dtv, München 2014).

Simone Weil: Schwerkraft und Gnade, Matthes & Seitz, Berlin 2021 (hier zitiert nach Czesław Miłosz: Das Land Ulro, Kiepenheuer & Witsch, Köln 1982).

Inhalt